DANS LA PEAU DE MARIA CALLAS

W0366005

Alain Duault

Dans la peau de Maria Callas

roman

LE PASSEUR
ÉDITEUR

Dans la collection « Le Passeur Poche »

Gilles Babinet
BIG DATA, PENSER L'HOMME
ET LE MONDE AUTREMENT

Gilles Vervisch
STAR WARS, LA PHILO CONTRE-ATTAQUE

www.lepasseur-editeur.com

© Le Passeur, 2014
ISBN : 978-2-36890-513-5

Je converse beaucoup avec moi-même.

Je tiens, surtout la nuit, de véritables conciliabules.

MARIA CALLAS, 1967

1er septembre 1977

Les lourds rideaux grenat que j'avais commandés à Venise demeurent tirés, hermétiquement tirés, dans la grande pièce ainsi assombrie qui donne sur l'avenue Georges-Mandel : j'ai demandé à Bruna de ne jamais les ouvrir en ma présence. Et comme je ne quitte plus guère l'appartement… Telle Aïda dans le tombeau, à la fin de l'opéra de Verdi. Sauf que je n'ai pas de Radamès à y retrouver : mon tombeau est vide. Je dois m'y consumer seule. *Sola, perduta, abbandonata.*

Pourquoi ne puis-je penser ma vie qu'en termes d'opéra ? Toutes ces photos devant moi, encore une fois, tous ces rôles, toutes ces vies rêvées. Et mes disques, les « officiels » et les « pirates », ceux qu'ont enregistrés mes admirateurs dans le monde entier : je les réécoute sans cesse. Pourquoi ? Pour me retrouver il y a dix ans, vingt ans ? Encore un été qui s'achève et la vie qui s'écoule : que vais-je faire de tout ce temps ? J'ai été tellement sollicitée, je le suis encore mais je ne sais plus, j'hésite… Bien sûr, il y a ce *Werther* qu'on me propose – mais est-ce vraiment un beau rôle, un rôle pour moi ? Je ne parviens plus très bien à me guider : ma vie est riche, bien sûr, mais nul n'imagine combien elle peut aussi être douloureuse. On me rabâche – tous ces « critiques » (quel nom, quand on y pense !), tous mes admirateurs (qu'admirent-ils en moi au juste ?) –, que je serais comme Tosca, que *j'ai vécu d'art, j'ai vécu d'amour*, oui ce fameux air, *Vissi d'arte, vissi d'amore*… Mais non, ce n'est pas vrai ! J'ai vécu d'art sans doute – mais d'amour, hélas ! non… Car ai-je été une fois aimée ?

Quand je suis née, on m'a dit que ma mère avait refusé de me regarder !… Elle ne voulait pas de moi, elle voulait un garçon, pour remplacer ce frère que je n'ai pas connu, mort avant que mes parents quittent la Grèce pour l'Amérique : il s'appelait Vassilis, il n'avait que deux ans quand il a été emporté par la typhoïde. Ou une méningite. Je n'ai jamais très bien su : on n'en parlait pas. Est-ce sa mort qui les a poussés à émigrer, pour oublier ce deuil ? Ou plutôt le désir de faire fortune en Amérique ? Il y croyait, Yorgos Kalogeropoulos, mon père. C'est vrai que c'était un nom imprononçable pour les Américains, comme il me l'a dit quand je suis revenue à New York : Kalogeropoulos ; je me suis appelée ainsi pourtant. Et c'est ce qui figure sur mon passeport, là : « Sophia Cecilia Anna Maria Kalogeropoulos dite Maria Callas, née le 2 décembre 1923 à New York. » C'est lui qui a eu cette idée de « Callas », je ne sais pas où il l'a trouvée : ça sonnait grec, avec le « as » final, il y avait le début de notre nom, « Cal »… Mais pourquoi deux *l* ? À vrai dire, je ne le lui ai jamais demandé et j'ai adopté ce nom quand, à la descente du *Stockholm*, en août 1945, alors que je rentrais de Grèce, il m'a accueillie au pied de la passerelle, dans le port de New York, avec ce sourire si lumineux qui éclairait son visage et en me lançant ce nouveau nom qu'il inaugurait : « Georges Callas : ça sonne bien, non ? »

Je l'aimais bien, mon père : il était toujours gai, joyeux même, courant sans cesse d'un rendez-vous à l'autre, faisant hurler ma mère parce qu'il ne prenait rien au sérieux… Ou pour d'autres raisons ; je crois bien qu'il ne se contentait pas de ma mère – sa Litsa, comme il l'appelait au lieu de son vrai prénom d'Evangelia – et qu'il avait quelques maîtresses qui le reposaient des aigreurs de sa femme. Il était pharmacien en Grèce, dans le petit village de Meligalas où mes parents vivaient, au sud du Péloponnèse. Mais, à leur arrivée à New York, l'été 1923, ça n'a guère dû être facile pour lui, d'abord parce qu'il ne parlait pas anglais ! Bien sûr, ils se sont installés dans « la Petite

Athènes », ce quartier tout empli des parfums de la Grèce, où le docteur Lantzounis, mon parrain, qui avait émigré avant mes parents, leur a trouvé un appartement, à Astoria, au nord du Queens, face à Manhattan, dans ce qu'on appelait autrefois Long Island. Et dans ce quartier, on parlait grec – et anglais aussi bien sûr : c'est ainsi que, peu à peu, il a pu apprivoiser cette langue qui chantait moins bien que la sienne, notre belle langue grecque. Car je suis Grecque, moi, même si je vis à Paris et que je suis née à New York ; j'ai choisi de me faire naturaliser en 1966. Je suis Grecque !

Donc, à ce qu'il m'a raconté, il a fait des petits boulots pour survivre, pour nourrir la famille, ma mère et puis ma sœur aussi, Jackie (quand je pense qu'elle s'appelait Jackie, comme l'autre !...). En Grèce, elle s'appelait Yakinthi, mais à New York, Jackie, ça sonnait mieux... Elle avait six ans de plus que moi. Elle est née en Grèce, elle. Alors que moi je suis née à New York, au Flower Hospital de Manhattan, dans la 106e rue, quelques mois après l'arrivée de mes parents, le 2 décembre 1923. Il paraît qu'il neigeait ce jour-là... Je ne sais pas où était mon père, s'il a bien voulu me regarder, lui : je crois que oui. C'est lui qui a dû me donner mes deux premiers prénoms, Sophia Cecilia. Car ce n'est que lorsque j'ai été baptisée, le 26 février 1926, à plus de 2 ans, que mes parrains ont ajouté mes deux autres prénoms, Anna Maria, selon le rite orthodoxe. Pourquoi avoir attendu ? Je pense qu'à ma naissance, mes parents n'avaient peut-être pas de quoi payer mon baptême.

Mon père a mis longtemps, plus de cinq ans, à pouvoir enfin ouvrir sa pharmacie à Manhattan, la « Splendid Pharmacy » : c'était un drugstore qui a très vite été prospère – enfin, jusqu'au krach, à l'automne 1929, quand tout le monde a tout perdu et que nous avons dû encore une fois déménager. Et pour un plus petit appartement, bien sûr. Mais toujours dans Manhattan, dans le nord de Manhattan. Ma mère pestait, comme toujours, mais nous n'étions pas si malheureux. Nous pouvions jouer dans la rue, Jackie et moi, il y avait des grands Noirs qui passaient en jouant de la trompette ou du saxo et qui nous faisaient des grimaces ; on jouait avec trois fois rien, des chiffons, des bouts de bois, un manche de casserole, une boule de craie... C'est là que j'ai eu mon accident, à l'été 1928, je n'avais pas encore 5 ans : j'ai traversé sans regarder pour aller rejoindre Jackie qui avait aligné nos trésors sur le trottoir d'en face parce que le soleil y cognait moins fort, je n'ai pas vu la voiture arriver et j'ai été frappée fort, ça m'a jetée par terre, je ne voyais plus rien, j'avais comme de la purée dans la tête. On m'a emmenée à l'hôpital, j'y suis restée assez longtemps je crois, plusieurs jours peut-être, je ne sais plus…

Donc, après le krach de 1929 et toute la tempête qui s'est ensuivie, mon père a fermé la pharmacie et pris un emploi de représentant itinérant, ce qui lui permettait de rentrer à la maison le moins souvent possible – non pas qu'il ne voulût pas nous voir, Jackie et moi, mais il voulait échapper aux cris de ma mère. Je le comprends, elle était insupportable, sans cesse de mauvaise humeur, n'aimant personne – pas même sa fille, en tout cas ! C'est étonnant quand j'y repense : une mère qui refuse de regarder son enfant à sa naissance ! Alors, quand on me dit que j'ai vécu d'amour… Mon père apparaissait de temps à autre, donnait en souriant des billets à ma mère qui maugréait, nous serrait contre lui, faisait craquer ses doigts ou tapait des mains, faisait des claquettes – et repartait, pour un jour, une semaine ou un mois, on ne savait jamais. Pourtant il était très attentif à mon travail à l'école, il regardait tous mes cahiers, me questionnait, me félicitait de mes bons résultats, m'offrait de temps en temps un foulard, un mouchoir ou une « babiole », comme il disait ; je me souviens d'un petit singe en mousse avec des yeux jaunes que j'ai gardé longtemps. Il s'occupait aussi de Jackie quand il était là, mais on aurait dit que ça la gênait. Il faut dire que notre mère passait son temps à nous dire des horreurs sur lui ! Alors bien sûr, ça faisait drôle quand il était là... Mais pour moi, c'était différent : personne ne m'aimait et je n'aimais personne sauf mon père.

À l'âge où les enfants devraient être heureux, je n'ai pas eu cette chance. J'aurais souhaité l'avoir. Je voyais toutes mes camarades que leur mère venait chercher à l'école : on les embrassait, on leur apportait des petits pains sucrés, on les recoiffait, on riait avec elles... Moi je rentrais toute seule à la maison et ma mère ne me regardait même pas quand j'arrivais ; elle me laissait faire mes devoirs sans rien me dire, sauf quand elle me poussait parce qu'elle avait besoin de la table pour coudre. Car elle cousait sans cesse, toutes sortes de robes pour ma grande sœur, Jackie, qui avait la chance d'être aimée, elle. Je sais bien qu'elle était la plus belle, mince, attirante, bien coiffée, alors que j'étais un vilain petit canard, grosse, maladroite et mal aimée. Il est cruel pour un enfant de ressentir qu'il est laid et non désiré... Je ne lui pardonnerai jamais de m'avoir volé mon enfance. D'autant que ça ne s'est pas arrangé avec l'école, car très vite on s'est rendu compte que j'étais myope. Je le suis restée, d'ailleurs. Il a donc fallu me faire porter des lunettes, mais comme j'étais *très* myope, j'avais besoin de verres épais. J'avais choisi des belles montures argentées, mais ma mère a refusé de me les acheter : elle a décidé que les montures de base, grises, moins chères, m'iraient très bien, surtout avec ces gros verres. C'est ainsi que mes camarades à l'école ont commencé à me traiter de « gros serpent à lunettes » : j'ai pleuré, souvent, mais sans qu'ils me voient, en cachette, dans les toilettes. Oh ! ce que j'ai pu pleurer alors !...

Heureusement, il y avait la radio, le gros poste noir et doré qui était posé sur une table et qui restait presque tout le temps allumé : je me gavais de toutes les chansons que j'y entendais du matin au soir. Et je les répétais, je les chantais d'abord tout doucement puis de plus en plus fort. Au début, ma mère me lançait des regards furieux et me demandait de me taire, de faire mes devoirs. Elle maugréait que j'étais « assommante » ! Pourtant je ne chantais que ce qu'elle écoutait elle-même du matin au soir à la radio. Je me taisais donc un moment et puis, c'était plus fort que moi, ça revenait, tout doucement, je murmurais, je chantonnais et finalement je chantais de nouveau les dernières chansons à la mode.

Tout a changé quand notre voisine s'est extasiée un jour sur ma voix : c'est comme si ma mère l'entendait alors pour la première fois ! Un jour, même, elle m'a demandé de rechanter une chanson de je ne sais plus qui pour toutes les voisines du quartier qui avaient dû en parler entre elles. Oh ! je ne me suis pas fait prier, j'ai chanté avec tout mon cœur, tout mon souffle. Sauf que ma mère ne m'a même pas remerciée, pas félicitée : c'est elle qui recevait tous les compliments ! Plusieurs fois ainsi j'ai chanté chez nous pour les gens du quartier – et toutes les femmes se serraient pour m'écouter. Elles apportaient des gâteaux, des fruits secs, du vin doux qu'elles buvaient entre elles. Moi, on me donnait du sirop. Je faisais mon possible pour que ma mère soit fière de moi, et quand ses amies applaudissaient, je guettais toujours ses applaudissements à elle, mais elle minaudait et se pavanait sans même me regarder. Comme si j'étais transparente. Comme si je n'étais qu'un poste de radio perfectionné qu'elle possédait ou qu'elle avait fabriqué. Mais l'essentiel pour moi était que je chantais, je chantais à perdre haleine, je chantais à m'en étourdir, j'avais un répertoire qui s'étoffait de plus en plus.

Un jour, mon père qui était revenu m'a entendue chanter et il m'a embrassée en me disant que je lui rappelais un oiseau du Péloponnèse, je ne me souviens plus de son nom. Il m'a assuré que je ne devais pas me contenter des « rengaines », comme il disait, et que je pourrais assurément être une grande chanteuse si je le voulais. Ma mère n'a rien dit sur le moment, mon père est reparti pour ses incessantes tournées de représentant (du moins c'est ce qu'il disait), mais à partir de là quelque chose a changé : elle m'a regardée et ne m'a plus simplement demandé de chanter pour ses amies et les voisines. Elle a choisi de me faire écouter des programmes différents de ceux de la station que nous écoutions sans tourner le bouton ; elle s'est mise à chercher d'autres stations et j'ai découvert d'autres airs que *La Paloma,* qui était alors mon morceau de bravoure. C'étaient souvent des chansons plus longues, plus élaborées, que j'avais parfois un peu plus de mal à retenir, car les mélodies en étaient plus complexes. Mais, curieusement, ce travail supplémentaire pour reproduire les subtilités de ce que j'entendais me procurait un plaisir nouveau. Souvent, à partir de ce moment-là, nous écoutions des retransmissions d'opéra du Met qui étaient fréquentes, et je mélangeais les chansons de variété à des airs d'opéras. Ma sœur Jackie s'était prise au jeu et nous rivalisions dans le salon sans que ma mère ne nous rabroue : c'était gai ! À l'école, on avait appris que j'avais une « voix d'or », comme disait la directrice de l'école publique de Washington Heights, et, dès que j'ai eu 10 ans, on m'a priée de chanter pour la remise des prix. Un de mes professeurs a dit un jour que j'avais « un rossignol dans la gorge ». On m'a alors offert un livre d'autographes : c'était une sorte de cahier de feuilles blanches avec une couverture cartonnée rouge très foncé dans lequel toutes mes amies, mais aussi mes professeurs et beaucoup de ceux qui m'entendaient chanter écrivaient des mots très flatteurs : je l'ai toujours d'ailleurs, au fond de la petite armoire en loupe d'orme qui est dans ma chambre. Il faut dire que quand je chantais, je sentais que j'étais vraiment aimée. Chanter est alors devenu le remède à la tristesse de ma première enfance.

Un jour, j'ai entendu à la radio une chanteuse dont la voix m'a fait rêver, je ne sais plus bien ce qu'elle chantait, mais j'ai aussitôt retenu son nom : Lily Pons. À partir de ce moment, j'ai guetté chaque passage de cette chanteuse dont la voix semblait s'envoler dans le ciel et j'essayais de l'imiter ; je chantais en même temps qu'elle, par-dessus ses enregistrements quand c'étaient des airs d'opéras ou d'opérettes que je connaissais. Je me souviens en particulier d'un air que le speaker annonçait comme « La Polonaise de Philine », tiré d'un opéra français d'Ambroise Thomas, *Mignon,* un air que j'ai souvent chanté plus tard en récital. Je lançais avec feu « Je suis Titania la blonde » – et ça m'amusait d'autant plus que, bien sûr, j'étais on ne peut plus brune. J'étais une enfant encore. Jackie et moi chantions à tour de rôle « La Polonaise de Philine » et je dois dire que je m'en sortais mieux qu'elle, je faisais comme Lily Pons monter ma voix au ciel. En fait je suis sûre que Jackie avait une jolie voix, mais j'avais, moi, « quelque chose de spécial », disait-on. Toujours est-il que ma mère s'était prise au jeu, je ne sais pas pourquoi. Peut-être avait-elle rêvé elle-même de devenir une artiste : son père, Petros Dimitriadis, avait été, a-t-elle raconté plus tard, le « rossignol de Stylis », c'est-à-dire qu'il aurait eu une belle voix de ténor lyrique – mais il a embrassé la carrière militaire.

Quoi qu'il en soit, elle s'est alors mis en tête de me faire chanter, mais plus seulement pour épater l'entourage : je crois bien qu'elle a très vite eu des vues plus précises sur ce que je pourrais faire avec cette voix qu'elle découvrait et dont tout le monde s'accordait à dire qu'elle pouvait me mener très loin. À quelque temps de là, elle a convaincu mon père de nous acheter un piano droit que nous nous disputions, Jackie et moi. Et elle nous a fait donner des leçons à domicile. Et puis un soir, elle nous a emmenées au concert ; il y avait une chanteuse et un chanteur, mais je n'en ai pas gardé un grand souvenir. Elle a même raconté que mon parrain, le bon docteur Lantzounis, m'aurait emmenée un soir au Met : c'est curieux, car je ne me le rappelle absolument pas. En revanche, ce dont je me souviens, c'est l'intérêt que ma mère a commencé à porter à la toute jeune Shirley Temple, qui avait cinq ans de moins que moi et dont tous les journaux parlaient pour ses prestations au cinéma.

Plus tard, elle s'est aussi beaucoup intéressée à Judy Garland, qui avait à peine un an de plus que moi et qui avait fait sensation en 1936 en chantant dans *Every Sunday* avec Deanna Durbin. Toujours est-il que tout cela a changé ma vie. Car ma mère s'est muée soudain en impresario ; elle est allée voir la directrice de notre école et l'a convaincue de monter des opérettes pour moi : j'ai joué ainsi un prince chinois, un marin, d'autres rôles comme ça… Je m'amusais beaucoup et ça ne m'empêchait pas de bien travailler, comme l'exigeait mon père : tout le monde était content ! Comme elle a toujours été bonne cuisinière, ma mère me préparait de bonnes choses dont je me régalais, trop – car tout ce que je mangeais me profitait, alors que ma sœur Jackie continuait d'être mince en se gavant de chocolat : il y a toujours des injustices dans la vie, j'en ai souvent souffert. Mais, désormais, ma mère me répétait que je possédais un talent que je n'avais pas intérêt à perdre. J'ai eu à partir de ce moment le sentiment qu'elle s'amadouait un peu à mon égard et ça a fait passer beaucoup de choses. Bien sûr, nous n'avions pas le droit de « perdre notre temps » avec nos camarades : ma sœur en a plus souffert que moi car elle avait de nombreuses amies et même quelques amis, mais moi, cela ne me gênait pas de vivre en vase clos pourvu que je puisse écouter la radio, jouer du piano et surtout chanter. D'autant que, à l'école, tout le monde m'admirait ; et même quand nous chantions en chœur, les autres baissaient la voix pour écouter la mienne. Et puis il y a eu l'audition : j'avais à peine 11 ans et ma mère nous a inscrites ensemble, Jackie et moi, à un concours de jeunes talents qui devait être retransmis à la radio. Nous avons chanté en duo *Heat that's free* et nous avons gagné ! J'avais la partie la plus aiguë et je me suis lâchée dès que ça a commencé : je me souviens que j'ai reçu une montre, ma première montre. Ma mère a définitivement cru en moi.

Surtout, elle tenait enfin le prétexte de réaliser ce dont elle rêvait en fait depuis des années : regagner son pays, retourner en Grèce. De toute façon, non seulement mes parents ne s'entendaient plus depuis longtemps, mais, depuis que mon père avait trouvé ce métier de représentant itinérant, ils ne vivaient quasiment plus ensemble. Un jour qu'il revenait d'une de ses « tournées », vif, fringant, joyeux, ma mère l'a cueilli à froid ; elle lui a expliqué que mon talent naissant ne pouvait plus s'accommoder de cette vie ici, à New York, où il n'y avait pas de professeur digne de moi, que j'avais un diamant dans la gorge et qu'il serait criminel pour des parents de ne pas lui permettre de briller comme il le méritait, que de toute façon la fortune espérée dans ce Nouveau Monde qui sentait mauvais n'était jamais arrivée, que depuis treize ans qu'il la cherchait il n'avait trouvé que des maîtresses dont elle ne voulait rien savoir mais qui lui faisaient perdre le maigre argent qu'il gagnait alors en laissant végéter sa famille, que seulement en Grèce je pourrais devenir la grande chanteuse qu'elle avait formée, bref qu'elle voulait repartir pour la Grèce au plus vite. Mon père a bien essayé de résister un peu, de dire qu'il y avait de bons professeurs en Amérique, mais il a très vite battu en retraite, peut-être pas mécontent de se séparer de ma mère qu'il ne supportait plus. Jackie, elle, serait bien restée à New York, je crois – mais les dés étaient jetés.

Nous avons encore passé *Thanksgiving* et mon père nous a apporté une énorme dinde que ma mère a farcie de marrons, et que nous avons dégustée tous ensemble, avec en dessert une excellente tarte à la noix de pécan : c'était drôle parce que, à présent que nous allions partir, nous faisions comme si notre vie de famille se déroulait normalement. De la même façon, nous avons fêté *Christmas* comme jamais : mon père nous a emmenées, Jackie et moi, à la parade ; il nous a acheté une jolie boîte à musique qui sonnait *Jingle Bells*, a proposé à ma mère de faire de nouveau une dinde, mais elle a préféré une pièce de bœuf et elle a confectionné le « gâteau du Président », avec son bon parfum de rose. Surtout elle a préparé un grand saladier d'*eggnog* (lait de poule), avec beaucoup de cannelle, dont elle a offert une tasse à tous les amis qui sont venus nous voir pour me souhaiter bonne chance – car elle avait prévenu le voisinage que nous retournions en Grèce afin que je puisse travailler ma voix et devenir une grande artiste. D'ailleurs j'ai chanté, seule et avec Jackie, des chants de Noël et aussi des chansons, *La Paloma* bien sûr, et beaucoup d'airs d'opéras, « La Polonaise de Philine » et même la « Habañera » de *Carmen* que j'avais entendue quelques jours plus tôt et qui me plaisait bien.

Et puis nous avons préparé notre départ. Mon père était déjà reparti de ville en ville pour placer ces nouveaux médicaments qu'il vendait pour le compte d'un laboratoire. Mais il est venu quand même pour notre embarquement : c'était début mars 1937, sur un bateau pas très confortable qui s'appelait le *Saturnia*. Il avait donné de l'argent à ma mère pour le voyage, mais nous n'étions pas dans les ponts supérieurs bien sûr. J'ai pleuré et ma sœur aussi quand nous avons dû le quitter pour passer les formalités. Il nous a serrées fort dans ses bras, mais je ne crois pas qu'il a embrassé ma mère. Nous avons ensuite déposé nos sacs dans l'étroite cabine qui sentait le rance, puis nous nous sommes tassées avec tout le monde sur le pont arrière pour faire de grands gestes d'au revoir ; je ne suis pas sûre qu'il nous voyait, et d'ailleurs moi-même je l'ai vite perdu de vue. Alors le grand bateau s'est détaché de la rive et s'est mis à glisser sur l'eau : c'était mon premier voyage, j'avais 13 ans et j'étais très excitée. Le paquebot a descendu l'Hudson River jusqu'à Battery Park puis, après avoir laissé la Statue à main droite, nous sommes passés doucement sous le pont de Verrazano – et ensuite, ça a été la mer. Et là, j'ai eu peur ! J'avais lu l'histoire du *Titanic*, c'était juste vingt-cinq ans plus tôt, et j'étais terrorisée à l'idée d'un naufrage, la nuit, dans le noir, l'eau glacée, l'étouffement de l'eau dans ma gorge : je ne savais pas nager. Bien sûr, je n'en ai parlé à personne. Mais j'ai eu du mal à m'endormir, le premier soir, dans cette cabine où il faisait une chaleur de chaudière. Le lendemain, nous étions au milieu de la mer, il faisait un temps gris sale, le bateau bougeait beaucoup et je me sentais bizarre : ça a été long, très long, des jours et des jours. J'étais malade, Jackie aussi et même ma mère n'en menait pas large quand le bateau semblait recevoir de grandes gifles par-dessous. Nous ne parlions à personne, nous ne nous parlions même pas toutes les trois. Nous attendions que ça se termine. Et moi je guettais toutes les nuits un bruit, un choc, l'iceberg. Finalement, au bout de je ne sais combien de jours, nous sommes arrivées à Gibraltar : on revoyait la terre, enfin ! Un soulagement. Mais ce n'était pas encore fini, il y avait encore de la navigation. Pourtant, quelques jours plus tard, nous avons débarqué dans le port de Patras. Il faisait beau…

Je ne sais pas quelle heure il est. Bruna n'est pas venue me demander si je voulais du thé ou des scones. Ou un bon café bien fort. Avec ma coramine aussi. Je vais écouter un disque, peut-être cet enregistrement de *Samson et Dalila* que mon cher Georges m'a offert il y a quelques mois et que je n'ai toujours pas écouté. Je l'aime bien, Georges Prêtre, il est à peine plus jeune que moi, quelques mois je crois, et il est si attentif : il me porte par son seul regard, il m'insuffle quelque chose que les autres chefs ne me donnent pas. Sans lui, je n'aurais jamais accepté de faire ce disque d'airs d'opéras français, deux disques même : je crois que je vais le réécouter, l'air de Dalila justement, « Mon cœur s'ouvre à ta voix ».

2 septembre 1977

Ça fait du bien de se souvenir. Car ces premières années de ma vie, à New York, ont été plus importantes que je ne l'imaginais alors : c'est là que j'ai découvert le plaisir du chant et l'envie d'être chanteuse. Sans que je sache vraiment ce que cela représentait. Donc nous sommes arrivées à Patras en cette fin du mois de mars 1937, dans ce fameux Péloponnèse dont le nom me fascinait et dont mes parents m'avaient si souvent parlé. La famille nous attendait, ma famille – mais je ne pouvais pas lui dire grand-chose à cette famille, car je ne parlais pas le grec, à peine quelques mots que ma mère m'avait fait répéter sur le bateau. Pourtant, c'est étonnant, j'ai très vite appris, comme si me revenait une mémoire que pourtant je n'avais pas, puisque je suis née à New York ! Les mots, la couleur de la langue, sa musique, les tournures de phrase, je m'imprégnais de tout, je commençais à converser avec la famille, plus vite même que Jackie qui avait pourtant vécu là, mais qui semblait avoir quelque mal à se réadapter. Nous sommes descendues jusqu'à Meligalas, là où mon père avait eu sa pharmacie. Ma mère s'extasiait de tout revoir, de retrouver ses amies. Jackie se souvenait vaguement (il est vrai qu'elle était partie à 6 ans), elle avait retrouvé son prénom, Yakinthi, quant à moi on m'appelait Maria et non plus Mary comme à New York. Mais très vite ma mère a compris que ce n'était pas à Meligalas que j'allais développer mon « don », comme elle disait : c'est ainsi que nous sommes parties toutes les trois pour Athènes.

Ah ! La beauté de l'Acropole ! Mon père et ma mère nous en avaient souvent parlé, mais c'était tellement plus beau, tellement plus grand, tellement plus fort quand on s'en approchait, quand on était devant ! Les piliers du Parthénon ! Je me souviens encore que je regardais, bouche bée, et que je ne répondais rien à ma mère et à l'oncle qui nous avait conduites. J'étais sidérée ! Mais nous étions venues à Athènes pour que j'entre au Conservatoire : nous avions un rendez-vous avec un adjoint du directeur. Nous nous y sommes rendues en passant par la place Syntagma pour voir la relève de la garde, et nous avons ensuite gagné le Conservatoire où nous avons été reçues très gentiment : on m'a fait chanter, j'ai donné plusieurs morceaux de mon répertoire, dont « La Polonaise de Philine » bien sûr, et aussi la « Habañera » de *Carmen* et quelques autres – mais j'ai bien vu que le monsieur qui nous recevait ne semblait pas convaincu. Il m'a fait répéter « Philine », puis il a saisi la partition sur le piano de l'accompagnatrice et s'est approché de moi en me demandant pourquoi je ne faisais pas telle ou telle chose ou pourquoi je faisais des notes qui n'étaient pas écrites. Je me suis sentie bête, je ne savais pas quoi répondre, et il a compris que je ne connaissais pas le solfège. Finalement, je ne suis pas entrée au Conservatoire. Ma mère m'a fait aussitôt donner des leçons de solfège au piano. Et puis, quelques mois plus tard, durant l'été, elle a contacté Maria Trivella qui venait de créer le Conservatoire national grec. Elle a dit que j'avais 16 ans (je n'en avais même pas 14), que j'avais commencé à étudier à New York avec les meilleurs professeurs et qu'elle souhaitait que ce soit la Grèce qui révèle mon « don » ; Maria Trivella m'a écoutée et a accepté de me prendre dans sa classe.

J'ai beaucoup travaillé avec elle, au moins cinq à six heures par jour ; je faisais des exercices pour poser ma voix, pour ployer les sonorités à la ligne, pour cesser de faire sortir mes sons graves de la poitrine en apprenant à expirer plutôt par le nez, toutes choses essentielles pour le bel canto. Elle avait consenti à ma mère des prix de cours extrêmement bas, mais encore trop chers pour nous. Je me privais de tout pour ne pas aggraver la situation, pas de robes, pas même de chaussures : les miennes étaient usées jusqu'à la corde. En hiver, la neige me glaçait les pieds en entrant par les semelles trouées. Mais j'ai progressé comme jamais en technique durant ces deux années. Et j'ai pu chanter une page de *Tosca* pour le gala de fin d'année. Ensuite ma mère qui, je le reconnais, avait de la suite dans les idées, m'a fait obtenir une nouvelle audition au Conservatoire. J'ai choisi de chanter le terrible air de Rezia d'*Oberon* de Weber : *Ocean ! Thou mighty monster !* Je voulais montrer tout ce que j'avais appris et donner la mesure de ce que je sentais déjà être l'essentiel de l'opéra, la force théâtrale. Et j'ai bien fait car, à cette audition, il n'y avait pas simplement un directeur aux longues oreilles, il y avait aussi madame Elvira de Hidalgo, qui y était professeur depuis cinq ans. J'avoue humblement qu'alors je ne savais pas qui elle était, je ne connaissais ni son nom ni sa carrière, je n'avais jamais entendu ses disques. Ce n'est que bien plus tard que j'ai su qu'elle avait chanté avec Caruso et Chaliapine, dont je ne connaissais pas non plus les noms à l'époque. Toujours est-il qu'elle m'a aussitôt acceptée dans sa classe : ma mère était aux anges et moi aussi parce que, alors, je voulais plaire à ma mère.

Je ne savais pas encore que madame Hidalgo allait tenir un rôle essentiel dans ma formation. J'ai pourtant terminé ma scolarité au Conservatoire national grec afin d'avoir un diplôme et donc de pouvoir gagner un peu ma vie et celle de la famille en chantant. Mais dès septembre 1939, à près de 16 ans, j'ai intégré la classe de madame Hidalgo et j'ai énormément appris : j'arrivai dès 10 heures et je repartais après le dernier élève ; ainsi je pouvais voir madame Hidalgo faire travailler chacun, sopranos, mezzos, ténors, parce que le moins doué des élèves peut toujours vous apprendre quelque chose que vous, plus doué, n'êtes pas capable de réaliser. J'étais comme une éponge. Et madame Hidalgo m'a prise en amitié, m'a fait déjeuner avec elle, m'a raconté sa carrière et sa vie. Je l'ai beaucoup aimée et je lui dois beaucoup ; je lui téléphone encore quelquefois, mais je ne l'ai pas fait depuis un certain temps. Elle habite Milan à présent et doit avoir près de 86 ans, puisqu'elle est née en 1891 je crois, comme mon père, c'est pour cela que je m'en souviens. Il faudra que je l'appelle. Elle a trouvé la juste position de ma voix, m'a fait travailler l'émission, l'appui du souffle, et m'a obtenu quelques petits rôles à l'Opéra d'Athènes, pour pouvoir aider ma famille. Car la guerre était là et tout devenait de plus en plus difficile.

J'ai eu de la chance, je crois ; ainsi, en 1941, madame Hidalgo m'a trouvé un rôle plus important dans une opérette de Franz von Suppé, *Boccaccio*. Je chantais Fiametta, le premier rôle féminin, et j'ai fait grand effet, à ce qu'on m'a dit. Surtout, en 1942, celle qui devait chanter Tosca est tombée malade ; alors, madame Hidalgo a su jouer de ses relations pour me faire obtenir ma chance et, à 18 ans, j'ai pu chanter ma première Tosca. Tosca, ce rôle si difficile, le deuxième acte surtout ! J'ai tout donné, ma mère est venue m'écouter et m'a même félicitée... en me demandant de l'argent ! Quoi qu'il en soit, j'ai dû faire sensation puisqu'on m'a engagée sur-le-champ, et pas en remplacement cette fois, pour le beau rôle de Marta, l'héroïne de *Tiefland* d'Eugen d'Albert, au théâtre d'Olympie. C'est à cette occasion que j'ai eu le plaisir et l'honneur d'un premier article sur moi, dans l'hebdomadaire *O Radiophon* : je l'ai conservé, il doit être dans la boîte recouverte de cuir vert au fond de l'armoire du grand salon. Il faut que je demande à Bruna de m'apporter cette boîte...

Voilà : le papier est un peu fragile, mais on lit encore bien : « La cantatrice qui a tenu le rôle de Marta avec une sensibilité sans égale, cette nouvelle étoile du firmament grec, a donné un exemple magistral de ce que devait être une actrice de tragédie. À sa voix exceptionnelle de fluidité naturelle, je ne souhaite pas ajouter d'autres mots que ceux d'Alexandra Lalaouni : Kalogeropoulos est l'un de ces talents bénis des Dieux dont on ne peut que s'émerveiller. » Et c'est signé Vangelis Mangliveras. C'était en 1942, il y a trente-cinq ans : tout est passé si vite... Au mois de décembre, j'allais avoir 19 ans.

J'ai encore chanté Santuzza de *Cavalleria rusticana* (Mascagni) et puis Léonore du *Fidelio* de Beethoven, mais cette fois dans un lieu magique, à l'Odéon Hérode Atticus, ce vaste théâtre en plein air au pied de l'Acropole. C'était l'été 1944, je chantais le rôle en grec, mais un critique allemand était là et a écrit sur moi quelque chose de très beau – c'est là (j'ai vraiment bien fait de conserver tous ces premiers articles dans cette boîte verte) : « Lorsque la Léonore de Maria Kalogeropoulos monta brillamment dans le duo, elle atteignit les plus sublimes hauteurs du chant... Elle donna les bourgeons, la fleur et le fruit de cette harmonie de sons qui anoblit l'art d'une prima donna. » C'est signé Friedrich Herzog, un bon critique.

Je me sentais bien en Grèce après ces premiers succès, je commençais à gagner un peu d'argent. J'enchaînais les opéras et les concerts. D'autant que, avec la libération de la Grèce, on me demandait des récitals un peu partout. J'avais étoffé mon répertoire et je pouvais briller sans trop de peine. Les soldats venaient nombreux pour m'écouter et plusieurs me faisaient des sourires et me lançaient des œillades, je m'en souviens ; ça me plaisait et, en même temps, comment dire ? ça m'effrayait. Je ne connaissais encore rien des hommes... Et je pressentais que je risquais d'y perdre quelque chose de moi-même.

Je continuais à voir régulièrement madame Hidalgo, à étudier mes nouveaux rôles avec elle. Je lui parlais de mes émois, de ma mère aussi qui me poussait à faire n'importe quoi avec n'importe qui pour gagner de l'argent et le lui rapporter. Je ne savais pas comment orienter ma jeune carrière, à présent que j'étais une diva – c'est ce que je croyais. Madame Hidalgo pensait que j'étais très jeune et que, à 20 ans ou 21 ans, j'avais encore beaucoup à apprendre en chantant régulièrement à l'Opéra d'Athènes. Mais je lui répétais que cela me semblait trop étroit, sans ambition. J'avais envie de prendre l'air, de m'éloigner de ma mère, de monnayer ma gloire toute neuve. Elle m'assurait que, si je quittais la Grèce, c'était en Italie que je pourrais briller avec une voix et un répertoire comme le mien. Mais je ne connaissais personne en Italie. Je tournais en rond. Et puis il y avait ce soldat blond aux yeux bleus qui me poursuivait, qui venait à chacun de mes récitals et trouvait à se placer au premier rang : il me fixait en souriant avec une certaine indécence. Pourtant je ne parvenais pas à éviter de le regarder moi aussi, j'étais sous son charme malgré moi. Mais, pour mon vingtième récital de la saison, celui qui achevait la série au printemps 1945, il n'est pas venu, alors que j'avais mis une robe de tulle bleu comme ses yeux. Il est finalement arrivé tout à la fin, essoufflé, rouge, comme s'il avait couru. C'était trop tard, je n'avais plus envie de lui plaire et je ne chantais plus pour lui. C'est ce soir-là je crois que j'ai décidé de partir.

L'Italie, me disait madame Hidalgo : j'aurais sans doute dû l'écouter. Mais je me suis souvenue de mon père qui, vingt-deux ans plus tôt, avait choisi d'aller faire fortune en Amérique – même si ça n'avait pas réussi. Que devenait-il mon père, là-bas, dans la grande ville ? Je lui avais écrit quelques lettres ces dernières années pour lui raconter mes succès, mais il ne me répondait, de temps en temps, que par quelques cartes postales sur lesquelles il avait jeté une poignée de mots griffonnés, avec, disait-il, des baisers toujours, des *love* soulignés trois fois, et des *baci*, je ne sais pourquoi, lui qui n'a jamais mis les pieds en Italie. J'ai eu envie de retourner en Amérique, de retrouver peut-être le parfum des marrons grillés sur les trottoirs de Manhattan. Et puis, à New York, il y avait le Met, qui m'engagerait sûrement. Surtout, à New York, il y avait mon père. J'ai annoncé à ma mère que je repartais là-bas : elle m'a regardée comme si j'étais folle, elle a gémi, récriminé, protesté qu'elle s'était sacrifiée pour moi, que j'étais une ingrate, une fille perdue, une ceci, une cela... Déjà je ne l'écoutais plus. En septembre 1945, j'ai embarqué au Pirée sur le *Stockholm*, destination New York.

Je me sens fatiguée ; oui, j'ai vécu tout cela. La Grèce, mon berceau lointain : j'ai du sang grec, pas seulement parce que c'est la nationalité inscrite sur mon passeport, j'ai de la terre grecque en moi, dans ma chair, dans mes os, je respire en Grèce mieux que partout au monde parce que l'air y embaume de toutes ces plantes, l'origan, les sauges, le thym, la carambole, le sénevé, le basilic, tant d'autres qui parfument l'atmosphère. Je parle grec, pas trop souvent mais du temps d'Ari..., je pense grec, je rêve grec, j'ai du soleil grec sous ma peau. J'ai fait ce film avec ce cher fou de Pasolini, *Médée*, rien que pour me replonger dans ma Grèce, et finalement nous n'avons pas du tout tourné en Grèce ! Pourtant j'en suis partie. Et je vis ici, à Paris, dans cette belle avenue Georges-Mandel qui n'a rien de grec. Je suis bizarre, peut-être. J'ai besoin de me reposer un peu : je vais appeler Bruna pour le thé, c'est l'heure, je crois. Et j'ai envie d'écouter... quoi ? Pas un disque grec, non. Même ce garçon, Mikis Theodorakis. Il est sympathique, mais je ne suis pas sûre d'aimer sa musique. Le *Médée* de Cherubini, alors ? Avec mon cher Tullio Serafin. Et la petite Scotto. En 1957, à la Scala. J'étais bien, je crois… Ou plutôt en 1953, à la Scala aussi, mais avec la Barbieri, Fedora Barbieri, en Neris à faire peur. Et dirigée par Bernstein, le cher Lenny qui m'appelait, je ne sais pourquoi, « la Bible de l'opéra ». Je l'aimais bien, Lenny, toujours un peu énervé, mais si précis dans la direction. Je crois que j'étais exactement juste quand je lançais à Jason : *Giamma per te verrà il di nuzial* (« Tu ne verras jamais le jour de ton mariage »)… C'est ce que j'aurais voulu pouvoir hurler à Ari quand l'autre… Et j'aimais la fin, après tout ce sang, quand tout a basculé, quand plus rien n'est possible et qu'elle lui donne pourtant un dernier rendez-vous, un ultime rendez-vous : *Al sacro fiume io vo' ! Colà t'aspetta l'ombra mia !* (« Je vais à la rivière sacrée ! Mon ombre t'y attendra ! »)

3 septembre 1977

J'ai donc fait la navigation dans l'autre sens. Toute seule : Jackie avait choisi de rester auprès de ma mère. Je ne sortais guère de ma cabine. Car, même si le bateau était nettement plus agréable que le premier, à l'aller, il bougeait quand même beaucoup, lui aussi. Et c'était long. Heureusement il faisait beau et, après avoir quitté la Méditerranée, la navigation a été un peu plus calme : j'ai même pu marcher quelquefois sur le pont-promenade, en prenant garde de ne pas m'approcher du bastingage. Et l'arrivée, un des premiers jours de septembre, a été magnifique : dès 6 heures, tout le monde s'est retrouvé dehors pour passer sous le pont de Verrazzano puis remonter vers Manhattan, découvrir la grande Statue, et face à nous le bout de la pointe, les buildings, tout un monde. Ça faisait huit ans que j'étais partie ! Et là, une belle surprise : au pied de la passerelle, mon père, mon cher père m'attendait. Bien sûr, je lui avais écrit que j'avais décidé de revenir, que j'embarquerais sur le *Stockholm*, mais je ne savais pas exactement quand il arriverait à New York. De toute façon, j'étais persuadée qu'il serait par monts et par vaux en train de faire une de ses mille et une tournées pour placer ses produits. Et puis non, il s'était renseigné sur l'arrivée du bateau et il était là, tout sourire, l'œil vif, heureux semble-t-il de me retrouver : c'est là qu'il m'a annoncé son nouveau nom, Georges Callas, qu'il avait troqué contre ce Yorgos Kalogeropoulos inaccessible, m'a-t-il expliqué, aux oreilles américaines. Ça m'a fait drôle parce que, deux semaines auparavant, j'étais à Athènes et je parlais encore grec – mais je me suis aussitôt adaptée et, à mon tour, j'ai laissé Maria Kalogeropoulos de l'autre côté de l'Atlantique et je suis devenue Mary Callas.

J'étais heureuse de retrouver mon père, que je n'avais guère connu, mais que j'avais pourtant toujours aimé. Et puis, au-delà du plaisir de le revoir, il m'a offert le vivre et le couvert, pour lesquels les cent dollars que j'avais en poche eussent été bien maigres. J'étais très naïve en effet en partant comme je l'avais fait, sans autre assurance que mes succès en Grèce dont je devais m'imaginer que l'écho avait traversé l'Atlantique ! Ma déconvenue a été rude. Je me suis en effet présentée au Met pour une audition, on m'a donné une date lointaine, comme si j'étais une jeune inconnue ; j'ai chanté au milieu d'une file de jeunes de mon âge le *Vissi d'arte* de *Tosca* et puis l'air de Santuzza. On m'a remerciée poliment, on m'a dit que, pour le moment, il n'y avait rien pour moi, mais que le directeur, qui était en voyage en Europe, voudrait peut-être me réentendre. J'ai eu mal, je suis sortie avec un poids sur le cœur et comme des guêpes qui bourdonnaient dans mes oreilles : tout cela n'avait servi à rien, c'était comme si je n'avais rien fait à Athènes. J'ai respiré profondément, je suis allé marcher dans Central Park et je suis rentrée chez mon père.

Quand il a vu mes yeux, il a compris et il ne m'a rien demandé. Aussitôt, j'ai entrepris de dresser la liste des théâtres où je pouvais être entendue ; dans les files d'attente, je me suis renseignée auprès des autres chanteurs sur les impresarios, j'ai obtenu des adresses, j'ai écrit, j'ai passé plusieurs autres auditions. On m'a plusieurs fois félicitée pour ma voix, mais on ne m'a proposé aucun engagement. Et puis en décembre, ayant appris que le directeur était rentré, je me suis de nouveau présentée au Met et j'ai chanté mes deux airs ; il a paru intéressé et il m'a demandé si je serais prête à chanter *Madame Butterfly* et *Fidelio* en anglais à Philadelphie. Pour un cachet bien inférieur à ce que je recevais à Athènes. J'ai été choquée et j'ai refusé. Malgré tout, peut-être grâce à la bonne humeur que faisait régner mon père à la maison, je ne me suis pas découragée et, l'année suivante, je me suis présentée à une audition pour l'Opéra de Chicago : j'ai été prise ! Et pas pour un petit rôle : pour le rôle-titre de *Turandot* en ouverture de la saison. J'ai travaillé avec acharnement, j'ai chanté au moins mille fois devant ma glace *In questa reggia,* avec toute cette violence de la princesse cruelle dans les yeux : j'étais prête... Mais l'Opéra de Chicago a fait faillite en cette rentrée 1946 – et je n'y ai jamais chanté *Turandot.* J'avoue que j'étais un peu désespérée. Sans mon cher Nicola, que serais-je devenue ?

Nicola Rossi-Lemeni était un ami d'auditions : nous nous étions retrouvés deux fois à attendre côte à côte car il voulait lui aussi passionnément être entendu par le directeur du Met. Et nous avions sympathisé. Il était grand, beau, de trois ans plus âgé que moi : il en imposait et je crois que j'étais sensible à son charme. Après notre audition de décembre, nous étions allés dîner ensemble dans une trattoria de Mulberry Street. Il m'avait raconté que, juste avant de venir à New York, il avait décroché un engagement pour la Fenice de Venise, le rôle de Varlaam dans *Boris Godounov,* et qu'il avait fait connaissance de presque tous les directeurs d'opéras italiens ; si d'aventure j'allais en Italie, il me donnerait une lettre de recommandation. Là-dessus, il m'avait raccompagnée jusque chez mon père, nous nous étions un peu tenu la main en marchant, mais quand, en arrivant devant la maison, il avait voulu m'embrasser, je m'étais dérobée en lui disant que c'était trop tôt.

C'est pourtant ce cher Nicola qui, à trois mois de là, est venu frapper à la porte, un dimanche, très excité : mon père, qui l'avait reçu, m'a appelée, j'étais un peu gênée – mais il m'a dit très vite que Giovanni Zenatello, le directeur des Arènes de Vérone, venait d'arriver à New York, et qu'il voulait me présenter à lui. J'ai hésité, j'ai minaudé un peu, mais j'ai bien sûr accepté un rendez-vous pour la semaine suivante, dans ce café situé sur Broadway, qui faisait le coin de la 45e rue, juste en face du Met, je ne me souviens plus de son nom. Et il est arrivé, le grand Giovanni Zenatello ; je le connaissais de nom car, quand je travaillais avec madame Hidalgo, elle m'avait parlé de lui pour deux raisons, d'une part, parce que je lui avais raconté ma fascination radiophonique pour Lily Pons et elle m'avait alors expliqué qu'il en avait été le partenaire de prédilection ; d'autre part, parce qu'il avait été le créateur du Pinkerton de *Madame Butterfly*, près de vingt ans avant ma naissance, et cela m'avait impressionnée. Et puis voilà, il était devant moi, j'étais devant lui, il avait 71 ans déjà, mais il y avait quelque chose d'immortel qui semblait rayonner de lui.

Après avoir baisé ma main (que je ne savais pas bien tendre à l'époque), il s'est assis sur la banquette, flanqué de mon cher Nicola, et il m'a fait lui raconter ma vie. J'étais mal à l'aise, mais Nicola m'a encouragée, il a enjolivé certaines choses qu'il connaissait de moi ; Giovanni Zenatello écoutait sans rien dire, me fixait avec une sorte de petit sourire dont je ne savais pas ce qu'il pouvait bien signifier. Et puis il s'est levé, lentement, et il m'a dit : « Maintenant, il faut que je vous écoute. » Nous avons traversé et sommes entrés au Met, où Nicola avait réservé une petite salle de répétition avec un pianiste. Et j'ai chanté devant Giovanni Zenatello, j'ai chanté avec toute ma passion, tout mon désir, comme si mon corps allait tomber à la fin, j'ai tout donné – et puis, ensuite seulement, je l'ai regardé, monsieur Zenatello : il ne souriait plus, il tenait le bras de Nicola près de lui, il ouvrait grands les yeux. Il m'a fait signe de m'approcher de lui et m'a demandé, presque en chuchotant, si je pouvais lui chanter *La Gioconda* d'Amilcare Ponchielli : j'avais travaillé l'air « Suicidio » avec madame Hidalgo à Athènes, mais je ne le connaissais pas par cœur. Et je n'avais pas la partition avec moi. « Peu importe, mademoiselle. De toute façon, si le maestro Tullio Serafin est d'accord, et je suis sûr qu'il sera d'accord, je vous engage pour chanter cette *Gioconda* l'été prochain, aux

Arènes de Vérone ». Je n'avais pas l'habitude de rester muette quand on me parlait, mais là, j'étais changée en statue, je ne pouvais plus bouger, je le regardais – Nicola m'a dit ensuite, quand nous sommes allés déjeuner tous les deux, qu'il avait cru que j'allais éclater en sanglots !

On était fin mars, j'avais trois mois pour me préparer, puisque rendez-vous avait été pris fin juin à Vérone avec le maestro Serafin. « L'Italie !... » Oui, l'Italie, m'avait bien dit madame Hidalgo : elle avait raison. Mon père a été très fier et très content pour moi, mais un peu triste de me voir repartir : il s'était habitué à nos dîners rieurs même quand rien n'allait bien. Il m'a pourtant accompagnée à l'embarcadère, le 13 juin 1947, quand je suis montée sur le *Russia*. Et quand j'ai quitté le port de New York, je me suis dit tout bas que, cette fois, ma destination était la gloire. Ou rien. Je crois que si ce qui a tout changé dans ma vie ne s'était pas passé à Vérone, j'aurais abandonné. Enfin, je dis cela maintenant, mais je n'en suis pas si sûre. La traversée s'est bien passée cette fois. Nicola Rossi-Lemeni, qui rentrait lui aussi en Europe, dans son Italie natale, était très présent auprès de moi : je crois bien que s'il m'avait demandé de le suivre dans sa cabine, un soir, je n'aurais pas résisté... Mais il ne me l'a pas demandé.

Je suis donc arrivée en Italie fin juin après une traversée pour la première fois à peu près tranquille. J'ai aussitôt filé à Vérone où j'ai retrouvé monsieur Zenatello – et où j'ai enfin rencontré le maestro Serafin. C'était un grand nom pour moi que celui de Tullio Serafin : il avait déjà brillé dans tout ce qui comptait à l'opéra, il avait beaucoup dirigé au Met et surtout, il était depuis un an le directeur artistique de la Scala ! Tous les chanteurs et chanteuses rêvaient d'être un jour dirigés par lui : et je me trouvais, moi, pauvre Américano-Grecque tout à fait inconnue, comme un petit oiseau qui essaie de voler et qui s'affole. J'ai donc battu des ailes, et puis je me suis lancée et je lui ai chanté mon « Suicidio » de *La Gioconda*, avec toute ma voix bien sûr, mais aussi tout mon corps, tout mon cerveau, tout mon passé, tous mes espoirs. Et, je m'en souviens encore, il a bondi sur la scène de répétition du petit théâtre dans lequel nous nous trouvions et il a entonné le duo du dernier acte : je me suis trouvée bête, je lui ai répondu, nous avons enchaîné et, à la fin, il m'est tombé dans les bras et m'a dit : « Bravo, vous êtes formidable, vous allez les assassiner ! » Quels beaux souvenirs ! Ensuite nous avons travaillé, beaucoup travaillé : il a été, je crois, la chance de ma vie, il m'a enseigné qu'il doit toujours y avoir une formulation de ce que l'on fait en scène, qu'il doit y avoir une justification à tout. Il m'a appris le sens profond de la musique, la justification de la musique. J'ai véritablement absorbé tout ce que je pouvais de cet homme.

Mais nous avons d'abord joué cette *Gioconda* dont je me souviens toujours avec la même précision, comme si c'était hier, alors que c'était en 1947, le 6 août, il y a trente ans ! Il y a eu ensuite six ou sept représentations jusqu'à la mi-août, mais cette première fois, ce 6 août, dans ces arènes immenses, je m'en souviens encore avec une étonnante précision, chaque détail, le regard du maestro Serafin dans le bord des coulisses alors que nous percevions la rumeur des quelque vingt mille spectateurs, mes mains toutes moites, la respiration trop rapide qui me prenait pendant que je voyais les bougies qui s'allumaient partout sur les gradins comme un ciel immense, ce mal au ventre qui m'a prise alors, et ma douleur au pied car je m'étais foulé la cheville durant les répétitions – mais pourtant cette force que je sentais monter en moi : j'ai su ce soir-là que je jouais ma vie !

La Gioconda, c'est l'histoire d'une chanteuse qui est amoureuse d'un marin, d'un armateur, d'un capitaine qui la quitte pour une autre, une femme de notable, l'épouse d'un sénateur !… Quel signe du destin… Toujours est-il que ce fut un triomphe. Et quiconque n'a pas chanté aux Arènes de Vérone ne peut pas s'imaginer ce qu'est un triomphe à Vérone : les bravos arrivent comme un grand vent, comme une tempête du fond des gradins qui vous enveloppe, c'est une sensation incroyable ! Surtout, le maestro Serafin m'a dit de belles choses en sortant de scène, de ces choses qui donnent du sel à la vie, qui donnent cette confiance dont nous avons besoin, nous autres artistes. Je ne sais pas si le public se rend compte de cela, de ce besoin. Moi je veux toujours paraître forte, sûre de moi, impérieuse, mais combien de fois ai-je douté ? De ma voix bien sûr, mais aussi du sens de ce que je faisais, de la marche de ma vie : aujourd'hui, alors que je suis encensée, je me demande encore si j'ai eu raison, si j'ai fait le bon choix... Sans doute pas...

À propos de choix, Vérone a été l'occasion pour moi d'en faire un, dont je ne suis pas sûre, avec le recul, que ce n'ait pas été une erreur : je veux parler de celui de mon mari, Titta. Je l'ai rencontré un soir, au restaurant Pedavena, sur la place, après une des répétitions de *Gioconda* : nous étions déjà tous installés quand il est arrivé et, comme j'étais la nouvelle et que je ne parlais pas bien italien, on m'avait placée au bout de la table. Il s'est donc assis devant moi, sur la seule chaise qui restait libre. Il m'a complimentée car il avait écouté la répétition, alerté par des amis des

Arènes sur la présence d'une « nouvelle chanteuse arrivée d'Amérique ». Il était familier des autres artistes et tout le monde semblait d'ailleurs bien le connaître dans le restaurant. J'avais 23 ans, je ne savais rien des hommes, j'avais peut-être été vaguement amoureuse de Vangelis Mangliveras à Athènes, le baryton avec lequel je chantais *Tiefland*, de Nicola aussi à New York, mais rien de plus. J'avais d'abord et avant tout le désir de réussir par ma voix, par mon chant, et je ne voulais pas me perdre dans des aventures compliquées comme celles que vivaient certaines de mes amies : cela ne me faisait pas du tout envie. Et je crois que j'avais un peu peur des hommes : on m'avait raconté tant de choses qui ne m'attiraient guère...

Avec Titta, c'était différent, car je ne le percevais pas comme un homme, je veux dire pas comme quelqu'un qui avait envie de reluquer sous mes jupes ou de poser ses mains partout sur moi. D'emblée, il m'a paru gentil, avec son sourire, ses manières douces. Il était très bien habillé, avec un joli gilet de soie jaune pâle, je m'en souviens encore. Il me parlait lentement pour que je comprenne bien, car il ne parlait pas anglais, il ne parlait d'ailleurs rien d'autre que l'italien. Il m'a raconté sa vie, m'a parlé de sa maman, de la briqueterie familiale, des beaux meubles qu'il aimait et qu'il se proposait de me montrer quand je viendrai chez lui. Puis il m'a demandé si je connaissais un peu l'Italie – mais je venais d'y arriver ; il m'a alors décrit Venise, puisque *La Gioconda* se passe à Venise, il m'a dit que ce serait bien pour moi de découvrir cette ville pour mieux comprendre mon personnage. J'avais entendu parler de Venise bien sûr, mais sans tous ces détails, toutes ces histoires qu'il connaissait de cette ville. Finalement, il m'a proposé de m'emmener découvrir Venise ! J'ai refusé, bien sûr ; il a insisté, j'ai accepté. Nous sommes convenus d'une journée où je n'avais pas de répétition et nous sommes partis dans sa voiture : ce n'était pas très loin, en fait, un peu plus de 100 kilomètres. Nous avons beaucoup parlé durant le trajet aller, moins au retour ; j'étais conquise, émerveillée par la ville, éblouie par les belles paroles de Titta, attendrie par sa gentillesse, toute remuée aussi par ce baiser que nous nous étions donnés en descendant de la promenade en gondole sur les petits canaux, derrière la Fenice.

Il aurait pu faire ce qu'il voulait de moi dès ce soir-là... Mais c'était un homme bien élevé et il a attendu un peu. Nous nous sommes revus aux répétitions, dont il ne manquait plus une seule. Et après la première, il m'a raccompagnée et m'a donné alors un long baiser, très long, très ardent – et il est rentré chez moi, dans ma chambre. J'attendais cela, je le voulais. Là encore il a été très tendre, sans brutalité, et j'ai été heureuse de me donner à lui tout entière. Quand j'y repense, je me dis qu'il était vraiment gentil, mon Titta. Bien sûr, tout cela ne s'est pas bien terminé pour lui, je sais qu'il en a souffert, mais c'était bien plus tard... Entretemps, il est devenu mon « protecteur », et bientôt mon agent exclusif. En fait, quelques jours après l'excursion à Venise, il m'a proposé un marché : la prise en charge totale de mes frais pour une durée de six mois. Après quoi, m'a-t-il dit, nous ferions le bilan. Ce n'était pas très romantique, mais j'ai accepté : je crois qu'en fait j'avais besoin de quelqu'un comme lui à ce moment de ma vie...

Il n'est jamais venu ici, il n'a pas connu cet appartement de l'avenue Georges-Mandel. Curieusement, je crois qu'il lui aurait plu, les meubles, les tentures, les tableaux, oui, c'est tout ce qu'il aimait... En souvenir de cette rencontre à Vérone, de cette *Gioconda* qui a été en fait mon vrai début dans la grande carrière, et le début de tout dans ma vie, je vais la réécouter. Bruna va m'apporter quelques scones, pas de café car j'ai eu des palpitations cette nuit, plutôt du thé parfumé, comme je l'aime, à la bergamote, et je vais me souvenir de tout, de Venise, de Vérone, de ce rôle, de cet air terrible : « Suicidio ». Je l'ai enregistrée assez vite, cette *Gioconda* : en 1952 ; non pas avec mon cher Serafin, mais avec le maestro Antonino Votto, dans la foulée de la reprise que nous avions faite à Vérone. J'ai envie de commencer par « Suicidio » : c'est un air difficile, ce début surtout, mais j'y mettais toute mon énergie, pour faire entendre son désespoir ; elle a perdu son amour, elle a vu celui qu'elle aimait lui en préférer une autre, cette Laura qui a sauvé sa pauvre mère, elle ne peut plus vivre dans cette déchirure, elle prend le poison. Et chante…

4 septembre 1977

Après Vérone, tout a changé. J'ai chanté beaucoup, toutes sortes de rôles, de style. Tout. Certains ont dit : trop. Peut-être. Mais j'y éprouvais tant de plaisir. J'aimais la scène alors. Et le maestro Serafin m'encourageait. C'est d'ailleurs lui qui me dirigeait le plus souvent. Pendant cinq ou six ans, je n'ai pas arrêté, j'étais boulimique, j'enchaînais les rôles et les représentations : combien de *Aïda* par exemple, à Turin, à Rovigo, à Brescia, à Reggio, à Rome, à Naples, à la Scala aussi quand même, à Mexico et puis à Buenos Aires !... Ah ! quelle aventure que ce départ pour Buenos Aires : il était fixé depuis longtemps, car j'avais été engagée un an plus tôt au Teatro Colón. Or, la relation que Titta, Giambattista Meneghini donc, et moi entretenions était intenable en Italie : nous devions nous marier. On m'entourait, on m'applaudissait, on m'adulait, on commençait à m'appeler « la Callas », je savourais cette gloire qui avait comme un goût de revanche ; j'étais heureuse en tant qu'artiste, mais je voulais qu'il m'épouse pour être reconnue en tant que femme. Pourtant, cela a été difficile. La famille de Titta renâclait, elle ne m'aimait pas, elle n'aimait pas les artistes. Et puis Giambattista était catholique alors que j'étais orthodoxe : il fallait une dispense du Vatican ! Le problème est que je devais embarquer le 21 avril pour Buenos Aires. Mais je ne voulais pas partir avant d'être mariée. Aussi incroyable que cela puisse paraître, la famille Meneghini sabotait les formalités ! Ce n'est qu'à midi, ce 21 avril 1949, que la fameuse dispense est enfin arrivée. Et, à 16 heures, nous avons été unis à l'église des Filippini de Vérone – en fait dans la sacristie, parce que le curé, au dernier moment, a refusé de marier dans « son » église deux personnes de confessions différentes ! Il ne restait plus à Titta qu'à me conduire à Gênes dans sa voiture et, à minuit, alors que j'étais à présent madame Meneghini, j'envoyais un baiser à mon mari depuis le pont arrière de l'*Argentina*, qui mettait le cap sur Buenos Aires…

J'en ai chanté des rôles, durant ces quatre ou cinq années qui ont suivi ma *Gioconda* de Vérone ! Des opéras peu connus, des Rossini, comme *Armida* à Florence avec mon cher maestro Serafin, ou *Le Turc en Italie* à Rome (ou j'étais Fiorilla, avant de l'enregistrer avec

Nicola), l'Eurydice d'un *Orphée et Eurydice* de Haydn à peu près inconnu, que j'ai chantée pour deux seules représentations à Florence sous la direction d'Erich Kleiber et que je n'ai plus jamais chantée ensuite. Et tant de rôles qui se mêlent aujourd'hui dans ma mémoire, des histoires de femmes dévastées, mes chères Lucia, Tosca, Médée, Elvira, Abigaïlle, Violetta, Gilda, Leonora, lady Macbeth et les Brünnhilde ou Kundry… Quel manège ! Comment se souvenir de tout ? De toutes ? Pourtant j'étais à l'intérieur de chacune : car je n'ai jamais pu chanter un rôle, interpréter un personnage sans être au cœur de son être, sans sentir sa peau sous mes doigts, sans respirer avec lui, sans que son sang ne coule dans mes veines jusqu'à m'étouffer ! Je n'ai jamais pu chanter cette souffrance extrême sans souffrir extrêmement, avec chaque fois cet étrange sentiment de m'immoler moi-même dans ces histoires dont ma voix poussait les feux ! On ne peut pas imaginer ce que j'ai vécu alors, cette exaltation, cette tempête dans tout mon corps, cette sensation d'un incendie qui me prenait tout entière : je me tordais les mains, je déformais ma bouche, je lacérais mon souffle, j'étais une torche et j'étais Médée, prête à tuer mes enfants, et j'étais Gilda se jetant par amour sur le couteau de Sparafucile, et j'étais Lucia folle, ma chemise de nuit ensanglantée, et j'étais… Oh ! je m'échauffe à ces souvenirs encore si proches, si présents – et je mesure combien je suis si seule ici, dans mon grand appartement sombre, sans personne pour m'aimer. J'ai tant donné et j'ai si peu reçu.

Il y a quelques mois – une anecdote me revient –, ma chère Janine Reiss, qui a si bien su, et avec tant de patience, me faire étudier, me faire apprivoiser certains de mes rôles, Carmen par exemple, Janine, donc, était chez moi ; nous avons travaillé toutes les deux, puis Bruna nous a apporté le thé et nous avons papoté gentiment. Et soudain, regardant sa montre, Janine m'a dit qu'elle devait partir, qu'elle allait le soir même au théâtre voir une pièce avec son mari, elle m'en a dit le titre, je l'ai oublié, mais je sais que c'était une pièce dont on parlait… Un instant, je me suis dit que je me serais bien jointe à eux pour cette soirée, mais, évidemment, je sais me tenir, je n'ai rien dit : je lui ai souhaité une bonne soirée et elle a filé. La porte refermée, je me souviens que je me suis appuyée contre elle et que j'ai pleuré. Et puis, à peine plus d'une demi-heure plus tard, le téléphone a sonné : c'était Janine qui – peut-être avait-elle senti quelque chose au moment de partir ? – venait de parler avec son mari et me proposait de partager cette soirée au théâtre avec eux… Mais c'était trop tard, j'avais séché mes larmes, enfilé un peignoir, je brossais mes cheveux dans l'ombre du grand salon à peine éclairé par la lampe dorée, près du piano, je n'avais plus envie que d'être seule. Je l'ai remerciée, j'ai soupiré, j'ai songé à ce qu'était ma vie, à ce qu'est toujours ma vie, cette solitude… Une diva ? Parfois je me dis qu'il vaudrait mieux mourir, comme elles, mes Tosca, mes Violetta, mes Leonora…

Mais il y a eu tant de moments forts, si forts, si intenses, qu'on peut se dire aussi que ceci compense cela. Pourtant, c'est autre chose. Et c'est une telle excitation parfois… Je pense à Venise, cet hiver 1948 : l'année précédente, j'y avais chanté Isolde du *Tristan et Isolde* de Wagner, en fait *Tristano e Isotta* car on chantait alors tout en italien à la Fenice. J'aimais bien ces longues phrases de Wagner dans lesquelles l'intensité est aussi dans le souffle, dans la longueur du souffle, qui devient en lui-même expressif. Et j'avais dû me montrer suffisamment bonne wagnérienne puisque la direction de la Fenice m'avait réinvitée la saison suivante pour *La Walkyrie*. C'est un autre morceau, cette *Walkyrie* ! Le rôle de Brünnhilde est terrible, il exige une puissance de projection de la voix comme un canon et en même temps une affirmation expressive exceptionnelle, ces « *Ho-jo-to Ho !* » meurtriers – je me souviens que j'avais l'impression d'une forge dans ma poitrine et dans ma gorge quand je les lançais. Je me suis jetée dans ce rôle avec autant de passion que d'inconscience, apprenant à développer mon souffle pour ces immenses phrases que je devais lancer avec un maximum de puissance sonore pour traverser l'orchestre : c'était une folie ! Mais quel plaisir intense ! La déclamation lyrique wagnérienne, on ne peut pas imaginer ce que c'est tant qu'on ne l'a pas éprouvée dans son corps : ça vous retourne, ça a quelque chose de… comment dire ? Ça me rappelle la brutalité d'Ari : ça fait du mal et ça fait du bien.

Donc je chantais mes *Walkyrie* avec délectation quand est arrivée cette chose folle, ce coup du destin, cet incroyable pari dans lequel je me suis laissé entraîner. La Fenice avait en effet décidé de remonter un opéra qu'on ne jouait plus alors, *Les Puritains* de Bellini, pour une chanteuse célèbre à l'époque, Margherita Carosio. Il faut dire que le bel canto, le vrai bel canto romantique, était alors dans une période de désaffection, le style semblait s'en être perdu. Mais une semaine avant la première, la Carosio est tombée malade. Catastrophe ! Du fait de la rareté de l'œuvre, la direction de la Fenice ne trouvait personne pour la remplacer ! C'est alors que Tullio Serafin, mon cher maestro qui me dirigeait dans *La Walkyrie*, a eu une idée folle : il m'avait entendue quelques jours plus tôt chantant « Qui la voce », l'air d'Elvira de ces *Puritains*, que j'avais travaillé avec Elvira de Hidalgo, et il s'est dit que... À 8 heures du matin, on est venu me réveiller à mon hôtel, on m'a emmenée à la Fenice, le maestro Serafin s'est mis au piano et m'a demandé de lui chanter ce fameux air des *Puritains*. À la fin, maestro Serafin et le directeur de la Fenice se sont regardés : « C'est elle ! » ont-ils dit en chœur. Je me suis récriée, bien sûr : je ne connaissais pas le reste de l'opéra, je devais encore chanter deux *Walkyrie*, et il n'y avait que six jours avant la première de ces *Puritains* ! Mais maestro Serafin m'a prise par les épaules et m'a regardée de très près avec son sourire et ses yeux vibrants en me priant de lui faire confiance encore une fois... Je ne pouvais pas résister et je me suis laissé convaincre. J'ai travaillé comme une folle, seule et avec le maestro, des heures et des heures. Et, le soir de cette première des *Puritains*, j'ai tout donné, jusqu'à l'extrême de moi-même : je voulais être digne de lui et le triomphe a été tel que j'ai éclaté en sanglots dans ses bras, en coulisses. Il y a eu des articles dans la presse qui parlaient de mon « audace », celle de passer de *La Walkyrie* aux *Puritains* en vingt-quatre heures : mais c'était maestro Serafin qui avait tout voulu, tout fait !

Toujours est-il que cette année 1948 a été bien importante pour moi, puisque je me suis lancée dans Bellini. Bien sûr, à Athènes, avec Elvira de Hidalgo, j'avais beaucoup étudié Bellini dont elle pensait que le style me conviendrait. En effet, il y a chez Bellini une épaisseur dramatique qui me paraît très importante et ne se résume pas à du beau chant, des phrasés souples, des vocalises... Et puis, quelle lumière intérieure : cela chauffe la vie. Par exemple *Norma*, cette Norma que j'ai chantée dès cette fameuse année 1948, avec bien sûr « mon » maestro Serafin. Un si beau rôle, Norma. Une telle femme, déchirée, cruelle, terrible, si malheureuse, si seule au bout de tout. « On doit chanter Norma avec fanatisme », me disait maestro Serafin en me parlant de Rosa Ponselle qu'il avait dirigée dans ce rôle au Met. C'est vrai, il y a une sorte d'emportement qui prend la voix et le corps quand on entre dans ce grand rôle tragique, avec du bel canto et bien plus que du bel canto. Une œuvre de feu et de lune, où l'amour s'assume et se consume dans un souffle éclatant et funèbre. Je me demande comment y était Pasta ? Et Malibran ? On ne sait rien de cela. Ponselle, oui : j'ai écouté ses disques, cette impression qu'elle va se jeter du haut d'une falaise, ce vertige. C'est l'opéra que j'ai le plus chanté : près de cent fois. Je l'ai étudié, lu, relu, *parlé* pour en saisir les rythmes intérieurs : je forçais Titta à m'écouter le *dire* avant de le chanter et il ne comprenait pas pourquoi je faisais cela. J'ai vraiment voulu le débarrasser des mauvaises traditions véristes en restituant la pureté de la ligne de chant de Bellini, toutes ses nuances, cette alchimie des inflexions, pour entrer dans ce personnage comme dans une robe, ou depuis sa peau jusqu'à son sang, jusqu'à sa moelle. Il y a des ombres et des éclats dans *Norma* : j'y aimais « Mira o Norma » ou « In mia man », ces deux duos, avec Adalgisa d'abord, avec Pollione ensuite, dans lesquels je calculais l'effet de ma voix pour l'accorder à celle de mes partenaires. Et puis « Casta Diva » bien sûr, cet air où toutes les nuances sont convoquées pour peindre un camée vivant, pour faire entendre en filigrane ce frémissement qui agite Norma, ce frisson de tragédie. Avec cette longue introduction pendant laquelle il faut faire entrer le personnage en soi, sans bouger, sans rien d'autre que cette concentration intense. Comme pour l'air final d'Imogène dans *Le Pirate* du même Bellini, ce moment ultime où la folie entre en elle, les arpèges de l'orchestre, cette flûte lunaire, et puis « Col sorriso d'innocenza » : j'aime tellement cette aria… Ces derniers mots, qui me reviennent, sombres, terribles et pourtant si beaux : *Ma il sangue già gronda ; ma tutta m'innonda… D'orror, d'affanno, d'orrore morro*[1]. Mais ma Norma… je

1. « Mais déjà le sang coule ; il m'inonde entièrement… D'horreur, de chagrin, d'horreur je vais mourir. »

m'efforçais dès mon entrée, ce fameux « Casta Diva », de faire sentir à l'intérieur de la prière quelque chose de rompu, comme si elle était rongée déjà, une pureté avec un voile d'ombre. J'aimerais la réentendre, ma Norma : je l'ai enregistrée avec le maestro Serafin et mon cher Nicola en Oroveso, je crois que ce n'était pas mal. Mais il y a aussi tous ces pirates qu'on m'envoie de partout… Lequel choisir ? C'est parfois douloureux…

Je vais appeler Bruna : c'est l'heure. Et je réécouterai une de ces *Norma* : un jeune homme m'a envoyé, avec une très jolie lettre, un nouveau « pirate » de Milan, de décembre 1955, avec le maestro Antonino Votto et avec la Simionato, une parfaite Adalgisa, qui n'essayait pas de me voler la vedette aux saluts. C'est toujours un problème, ces saluts aux rideaux : un soir, après des *Vêpres siciliennes*, Boris Christoff voulait, disait-il, m'écraser si je faisais un salut au rideau sans lui. Et je l'ai fait pourtant ! Alors on a écrit que j'étais capricieuse ! Mais non, je voulais me faire respecter, tout simplement. Et puis, c'est vrai, je n'ai jamais aimé qu'on me donne des ordres, sauf peut-être maestro Serafin, ou mon cher Luchino… Mais de Luchino, je me souviendrai demain : ce soir, un thé, des gâteaux et cette *Norma* de 1955. Je n'y étais pas mauvaise, je crois…

5 septembre 1977

LUCHINO VISCONTI, mon si cher Luchino… J'ai eu si mal quand il nous a quittés l'an dernier, à Rome, là où je l'avais rencontré. Quelle histoire ! Ou plutôt quelle non-histoire… Je ne sais pas comment remettre ma mémoire au clair, tant Luchino a été essentiel et, en même temps, frustrant pour moi. Je l'ai donc rencontré à Rome en 1950, à l'occasion de ce *Turc en Italie* qu'il n'a pas vraiment mis en scène – c'est dommage –, mais auquel il a été associé. D'une curieuse manière, d'ailleurs. Il appartenait alors à un petit groupe d'artistes, d'intellectuels, de gens de théâtre qui s'étaient baptisés l'« Anfiparnasso » : ils parlaient beaucoup et professaient des théories qu'ils disaient « révolutionnaires » sur le nécessaire renouvellement de l'expression dramatique. Il a un jour pris contact avec moi, m'expliquant qu'il m'avait vue dans des rôles comme Norma ou Kundry de *Parsifal* et qu'il avait été frappé par ma « personnalité dramatique » ; il souhaitait que je rencontre ses amis et que, tous ensemble, nous réfléchissions à ce qu'on pouvait faire pour donner une épaisseur théâtrale au *Turc en Italie* de Rossini. J'avoue que j'ai été surprise de ce choix, mais j'étais jeune, j'étais curieuse, l'aventure m'amusait et ce Luchino me plaisait. Il avait un peu plus de 40 ans alors et il était d'une beauté comme on en rêve quand on a 25 ans (j'en avais 26 quand je l'ai rencontré) : un large visage d'empereur romain, avec des yeux vifs, un regard ardent, un sourire fin et comme flottant, un corps fait pour qu'on s'y blottisse, pour protéger, des mains papillons et une voix colorée, chantante, insinuante. Je crois que je l'ai aimé d'emblée – alors que je venais de me marier l'année précédente ! Mais entre Titta et Luchino… Et quand il m'a demandé de réfléchir avec ses amis à cette petite Fiorilla du *Turc en Italie*, j'étais déjà prête à lui manger dans la main.

Il y en a eu des heures et des heures de conversation ! Je ne comprenais pas tout (en particulier pourquoi ils me voulaient, moi, pour jouer un rôle comique !), mais j'écoutais et j'essayais de répondre à toutes leurs questions. J'étais de temps en temps surprise de la façon peu convenable dont ils parlaient tous, même Luchino, un prince ! Comme si, alors que c'étaient des privilégiés, ils voulaient faire semblant d'être issus du peuple… Pourtant je me sentais bien avec Luchino.

Finalement le spectacle a été monté au théâtre Eliseo, avec une superbe distribution, je m'y suis beaucoup amusée, le public a été content et Luchino m'a dit qu'il était enchanté de cette rencontre et qu'il se promettait de travailler une autre fois, mais personnellement, avec moi. J'étais heureuse, j'ai attendu, mais il a fallu quatre ans avant que nous nous retrouvions. Je me suis souvent demandé s'il avait dit cela sans y penser, alors que moi, j'avais vraiment envie de travailler avec lui, de parler avec lui, d'être avec lui. De me faire belle pour lui. En fait, je ne l'ai jamais dit, mais c'est pour lui plaire que j'ai décidé de maigrir : je voulais qu'il me regarde, pas seulement comme une chanteuse, mais aussi comme une femme. Et je pesais, je crois, plus de 90 kilos en 1950… C'était le résultat de cette folie de ma mère qui me gavait parce que, prétendait-elle, il fallait être grosse pour bien chanter ! Quelle bêtise ! Si j'avais vu plus tôt la fine statue de la Malibran à la Scala !…

On en a raconté des histoires sur mon amaigrissement, sur tout ce que j'aurais fait pour perdre plus de 30 kilos !… C'est sûr, ça ne s'est pas fait tout seul, mais j'avais la volonté, j'avais cet objectif : je voulais être belle pour Luchino. Pendant des mois, je me suis renseignée sur toutes les manières d'y arriver, la chirurgie, les régimes de ceci, les régimes de cela, le ténia (oui, on m'en a parlé !), la méthode chinoise, la méthode thaïe qui venait du Siam, les assèchements, je ne sais quoi encore… Finalement, j'ai commencé début 1952, avec ma méthode à moi, dont je me suis juré de ne parler à personne – c'est trop dur, trop… –, et je n'ai jamais dévié. À aucun moment. J'ai souffert, c'est vrai, j'ai eu des sensations de brûlures dans l'estomac parfois, j'ai eu les jambes en plomb, des douleurs dans les os, j'ai eu des étourdissements aussi, mais j'avais l'œil fixé sur ma balance et je voyais les kilos qui peu à peu fondaient ! Le plus difficile était le début, car les efforts étaient terribles alors que la perte de poids tardait à se manifester. Et puis, petit à petit, c'est descendu : en huit mois j'étais à 80, encore cinq mois pour 75, puis ça a été une bataille kilo par kilo. Tout le monde saluait ma nouvelle taille, mais, moi, je voulais atteindre 60 kilos : fin 53-début 54, c'était chose faite, juste après la reprise des *Médée* à la Scala avec mon cher Lenny, Leonard Bernstein, un vrai grand et un ami !

En fait, pour ces *Médée*, Vittorio Gui, qui avait dirigé la première série, n'était plus libre, De Sabata était souffrant et la Scala ne trouvait personne : j'ai alors suggéré un jeune Américain dont je ne me rappelais plus le nom, mais qui m'avait impressionnée lors d'un concert retransmis à la radio quelques jours plus tôt. Mais cet âne de Ghiringhelli, l'administrateur de la Scala, ne voulait pas de ce jeune inconnu, dont on avait quand même retrouvé le nom grâce à mes indications, un certain Leonard Bernstein. J'ai dû insister, insister – et finalement... Il n'avait que cinq ans de plus que moi et je me sentais en totale confiance avec lui. Surtout, il m'amusait comme personne, faisant des grimaces, des blagues, jouant avec les mots sans cesse, passant de l'italien à l'anglais comme sur une luge ! Il avait l'air de me trouver belle ; j'expérimentais sur lui ma nouvelle silhouette et je voyais bien dans ses yeux ce que j'y attendais, même si... Pourtant, j'ai encore dû user d'un subterfuge pour cette *Médée*, car si j'avais presque atteint ma silhouette idéale, je trouvais que mon visage n'avait pas encore assez maigri pour incarner la violence terrible de cette femme : je me suis donc maquillé le cou en noir et j'ai ajouté beaucoup de blush sombre sur mes joues pour les creuser. Avec la grande perruque rousse qu'on m'avait confectionnée, je crois que ça a été efficace !

Dans la foulée, il y a eu cette *Lucia* avec maestro Karajan, qui n'a pas été ma meilleure rencontre : pourtant, lui, il aimait les femmes ! Mais il était le contraire de Lenny, très retenu, très compact, presque tendu, avec ses yeux bleus qui me fouillaient impitoyablement. Il me fascinait sans doute, mais comme une panthère ; il m'impressionnait aussi, car il possédait totalement l'opéra, non seulement tous les airs ou les ensembles, mais tous les détails, toutes les respirations, toutes les césures, chaque phrasé : il ne tolérait aucune entorse au texte, à la partition, et ça, j'aimais ; mais il était très rigide aussi sur la mise en scène (qu'il signait lui-même), et nous avons eu quelques heurts au sujet de telle ou telle interprétation du personnage, pour la scène de la folie en particulier. J'étais très belle alors, j'avais quasiment atteint ces 60 kilos dont je rêvais – mais je ne suis pas sûre que maestro Karajan s'en est ému alors ; en fait, il avait de Lucia l'image, plus musicale que théâtrale, d'une femme qui est conduite à la folie et ne peut y échapper. Il ne ressentait aucune empathie pour cette femme, dont la folie était la logique ; je la voulais, moi, plus frémissante. J'étais vêtue d'une robe de nuit tout en plis de soie blanche avec des manches corolles et une traîne qui bruissait derrière moi quand j'arrivais du fond de la scène, comme un fantôme, les bras écartés comme pour avouer mon impuissance à n'avoir pu retenir ce crime qui était inscrit en moi du fait du mariage auquel on m'avait forcée… Quel beau rôle ! Mais je n'ai pas de souvenirs exceptionnels de cette *Lucia* avec maestro Karajan.

C'est quelques mois plus tard, me semble-t-il, à Pâques 1954, avec Elisabeta de *Don Carlo*, que tout le monde a pris conscience, en me voyant dans cette robe très ajustée que m'avait confectionnée ma couturière, madame Biki, combien j'avais changé. Je l'aimais bien, Elvira Biki, elle avait des doigts de fée ! Et elle m'a dit un jour qu'elle était la petite-fille de Puccini : quelle coïncidence ! Donc elle m'a fait cette robe superbe qui mettait en valeur ma minceur et semblait me grandir ; en me tenant bien droite dans cette robe à l'espagnole, j'étais vraiment la reine d'Espagne, j'étais une reine ! Luchino était venu me voir en Médée, il est venu aussi pour cette Lucia : s'il avait su pour qui tout cela !...

J'avais 30 ans, j'étais devenue une des plus belles femmes du monde (c'est ce qu'écrivaient les journaux), j'étais une des plus grandes artistes du monde lyrique : que pouvais-je rêver de mieux ? D'être aimée. Bien sûr il y avait Titta, que j'avais épousé cinq ans plus tôt – d'ailleurs sur toutes les affiches et sur tous mes disques, j'étais désignée comme Maria Meneghini-Callas, il y veillait –, mais si j'éprouvais beaucoup de gratitude pour lui, beaucoup de tendresse aussi, il manquait de... je ne sais pas comment exprimer cela ; il ne s'agit pas des choses du corps, je n'ai jamais vraiment aimé cela ; plutôt d'une forme de connivence intime que nous n'avons jamais eue. Quelque chose d'intellectuel et d'évident, le sentiment d'être en accord, en phase avec une autre âme. J'ai du mal à trouver certains mots ; Luchino, lui, aurait su. J'avais voulu devenir belle bien sûr pour moi, pour correspondre à l'idée que je me faisais de ces héroïnes que j'interprétais, de ces femmes bouleversantes – mais j'avais aussi voulu devenir belle pour lui. Quand il est venu me voir dans ma loge après ma Médée, j'ai vu dans son regard quelque chose d'autre, de neuf : « Vous êtes d'une telle beauté, Maria !... » Il y a eu un silence, comme s'il reprenait souffle ou comme s'il réfléchissait, et puis : « Voudriez-vous dîner avec moi demain soir ? » Je me suis retenue à la petite coiffeuse grise sur laquelle s'entassaient tous mes accessoires de maquillage, j'ai dû pâlir, car Luchino a avancé la main : « Ça va ? » J'ai acquiescé, puis du monde est entré dans la loge, il s'est esquivé, a brièvement salué Titta qui entrait avec Ghiringhelli, le directeur de la Scala... J'ai eu l'impression de sortir d'un rêve, j'ai remercié tous ceux qui me faisaient fête et, après m'être changée, je me suis rendue au souper qui a été très brillant.

Le lendemain soir, Luchino est venu me chercher à 19 heures et m'a emmenée dans un restaurant très élégant, aux murs tout tendus de soie prune ; nous avons été accueillis avec beaucoup d'empressement, mais beaucoup de discrétion aussi, comme il semblait en avoir donné la consigne. Et Luchino m'a demandé de lui raconter tout ce qu'il ne savait pas de ma vie, il m'a fait parler de Médée aussi, m'a demandé si j'avais vu ses films – je me suis trouvée bête de reconnaître que non, je n'en avais vu aucun. Il m'a expliqué combien le geste l'obsédait au théâtre et pourquoi, « avant même, ajouta-t-il, que vous soyez devenue ce que vous êtes aujourd'hui », il avait été frappé par cette puissance intérieure de chacun de mes gestes, dans *Norma* par exemple. Ensuite, il m'a parlé du film qu'il était en train de tourner, *Senso,* un film, m'a-t-il expliqué, qui avait un certain rapport avec moi, puisque la scène d'ouverture avait été tournée à la Fenice, durant une représentation du *Trouvère*, et qu'il en avait eu l'inspiration en me voyant chanter ce *Trouvère* à la Scala, le 2 février précédent ! Et puis il m'a dit qu'il voulait à présent travailler avec moi, me mettre en scène dans plusieurs opéras. Il pensait à trois ouvrages différents : *La Vestale* de Spontini, que je n'avais jamais chantée et que je ne connaissais même pas ; *La Somnambule* de Bellini, que je n'avais pas encore chantée, mais que je connaissais et qui, bien sûr, m'intéressait ; et *La Traviata* de Verdi, que j'avais déjà chantée, plus de vingt-cinq fois. J'étais évidemment prête à le suivre pour tout. Mais il ne le comprenait pas, ou faisait peut-être comme s'il ne le comprenait pas. Je ne connaissais rien de sa vie intime alors et j'étais si fascinée par son intelligence que je voulais travailler avec lui pour tout ceci : la découverte d'un monde esthétique nouveau, le sentiment qu'il pouvait me mener loin, me pousser à me dépasser, à révéler des choses de moi que je ne soupçonnais pas, le plaisir réel de l'écouter et celui, plus secret mais non moins vrai, de passer du temps avec lui. J'étais amoureuse, je ne me l'avouais pas et le lui disais encore moins.

Il était très élégant, avec un costume à veste croisée, ou un veston chic, et toujours une pochette en soie : je ne l'ai jamais vu sans pochette ! Et chacun de ses gestes était élégant : je me souviens pour *La Vestale*, quand il m'apprenait à lever les bras avec grâce, sans précipitation. Il m'expliquait que le mélodrame exige une sorte de dilatation des sentiments, des gestes, des attitudes – mais en contrôlant toujours le goût, tout en finesse. Quand j'ai essayé pour lui cette grande robe blanche au plissé fluide, avec la ceinture de satin sous la poitrine, et le voile sur les cheveux qui retombait presque jusqu'au sol, il m'a regardée puis m'a emmenée dans le décor, inspiré, m'expliquait-il, des peintures d'Ingres ou de David, ces grandes colonnes ioniques, et il m'a appris à y marcher, à y courir. À un moment, je m'en souviens comme si c'était hier, il a posé sa main sur mon épaule, puis sur ma nuque, pour me guider bien sûr, mais j'en ai ressenti un frisson que je ne peux pas oublier…

Et puis il me parlait beaucoup, de Mahler qu'il aimait tant et qui n'était guère joué, pas assez à son goût : il en a fait une sorte de personnage caché dans son film *Mort à Venise*, que j'ai vu et qui m'a beaucoup émue. Parfois il me récitait des vers, en allemand ou en français. Un jour, il m'a longuement évoqué la beauté qui l'obsédait, la beauté du geste qui, disait-il, transmettait l'énergie et conduisait plus loin que l'œuvre. Il m'a cité ces vers superbes, que j'ai toujours retenus, d'un poète allemand, August von Platen : « Celui qui a de ses yeux contemplé la beauté est déjà voué à la mort. » Il m'a dit qu'ils étaient la clé de plusieurs de ses films, autant que des opéras qu'il voulait monter avec moi. Tout était passionnant avec lui, l'écouter, le regarder, se dépasser pour lui. Je l'aimais, oui.

Quand nous avons fait *La Traviata* en 1955, à la Scala, j'ai cru mourir. Le décor de Lila de Nobili avait quelque chose de si vrai, de si romantique, comme si tout le reste était faux ou irréel, avec, je m'en souviens, ces belles potiches chinoises, tous ces objets si beaux.

Les couleurs de tout, les costumes, les décors, n'étaient que noir, or et rouge sombre, une splendeur. Et Luchino m'avait montré des portraits de la Duse et de Sarah Bernhardt pour m'indiquer dans quelle direction il souhaitait diriger cette Violetta, que je croyais si bien connaître et qu'il réinventait pour moi. Ainsi, quand j'ai enfilé ma robe de taffetas noir, il m'a demandé de me promener sur le plateau *comme chez moi*. Le temps béni de ces répétitions ! Et toutes ces indications que Luchino me donnait, en me racontant ma Violetta ! Il me disait qu'il fallait rendre perceptibles les couleurs de l'amertume et du malheur, car Violetta n'a que l'apparence du bonheur ; en fait, elle vit dans une tristesse profonde et si elle se méfie de l'amour, la tentation de changer sa vie est aussi irrésistible. Son rire est une forme d'ironie inquiète, une défense… C'est comme si elle disait : « Amour, que veux-tu de moi ? Serait-il vraiment possible que… Peut-être, essayons. » Et Luchino traduisait tout cela en gestes précis qu'il m'indiquait les uns après les autres. La façon, par exemple, de tousser en cachant ma toux et en la montrant pourtant. Le « Libiamo » en tournoyant autour de Giuseppe, mon Alfredo, mon cher Di Stefano. Et pour le duo, quand Giuseppe me déclarait son amour, je devais reculer lentement jusqu'à la rampe, les bras étendus derrière moi, et je laissais finalement tomber le bouquet de camélias que je tenais à la main. Et puis, après le départ des invités, j'attaquais « E strano » en ôtant mes bijoux, puis les épingles de mes cheveux, comme je l'aurais fait chez moi à la fin d'une soirée ; mes cheveux se défaisaient, tombaient sur mes épaules et, à la fin, quand je lançais « Folie, Folie », je rejetais la tête en arrière et j'envoyais d'un coup de pied mes souliers valser au loin.

Au deuxième acte, Luchino m'expliquait qu'il n'y avait plus du tout cette ironie, que Violetta espère alors sincèrement. Il me fallait lui donner cette apparence de jeune fille, cette naïveté, pour que la désillusion soit d'autant plus amère dans le duo avec Germont. Il fallait qu'on sente ce qu'elle se dit : « Cela ne pouvait pas marcher, j'aurais dû le savoir. » D'où la nécessité de marquer une légère hésitation, de chercher une nuance *piano* particulièrement douce pour le mot *pura* à ce moment-là, comme si elle ne se sentait pas digne de le prononcer. De façon générale d'ailleurs – et en cela Luchino était en parfait accord avec le maestro Giulini –, très peu de passages doivent être chantés fort, le propos n'est pas de rechercher des applaudissements faciles. Verdi a inscrit l'essentiel du rôle entre *piano* et *mezzoforte* ! D'ailleurs, la musique gagne en puissance si l'interprète réduit l'ampleur de ses gestes au fur et à mesure que l'opéra progresse. La maladie de Violetta limite de toute façon ses mouvements. Au dernier acte, je choisis un petit geste vide et répétitif, comme si j'essayais d'attraper quelque chose sur la table de nuit sans y parvenir. J'ai aussi appris de Luchino comment mourir juste sur la dernière phrase, avant de toucher le sol. Violetta se fige dans la mort en croyant revenir à la vie, sans violence réaliste. La voix doit avoir une couleur exsangue ; j'ai travaillé dur pour y parvenir et j'ai toujours pris comme un compliment les commentaires de ceux qui déclaraient que Callas « semblait fatiguée » à la fin de *La Traviata* !… Car, grâce à tout ce travail d'explication et de couture des gestes au petit point, c'était d'une vérité incroyable et je me sentais libre, naturelle : Luchino savait me donner cela, tout en respectant scrupuleusement avec maestro Giulini les phrasés de Verdi, la pulsation de cette *Traviata* que j'aime tant.

Bien sûr, il y a Norma, il y a Tosca, il y a Lucia, mais je crois n'avoir jamais été aussi à l'aise qu'avec cette femme dont toutes les facettes de la douleur n'ont jamais cessé de me toucher… Ah ! ces longs moments passés avec Luchino pendant ces répétitions : sur ce canapé, j'avais l'impression parfois de le recevoir chez moi, dans mes meubles, au milieu de mes objets, avec tous ces tissus qui sont ceux que j'aime aussi, cette proximité alors, cette tendresse peut-être… Et au deuxième acte, dans le jardin de la maison de campagne, tout en verts et en bleus doux, je portais une robe blanche ornée de rubans vert pâle que Lila avait copiée d'après une photographie de Sarah Bernhardt que Luchino lui avait confiée. Je me souviens des répétitions du « Dite alla giovine » dont Luchino me disait qu'il ne devait pas être *chanté*, mais seulement murmuré à soi-même, comme si je rentrais en moi pour mourir déjà : il m'avait demandé d'incliner mon visage vers le sol, tout le corps courbé, rompu déjà. Il tenait mes épaules, ses mains sur mes épaules… Et puis la soirée chez Flora : j'étais alors en satin rouge, avec un bustier brodé de rubis, collier et bracelets assortis. Et je devais me figer comme une statue quand Alfredo me jetait au visage cette liasse de billets, tomber au sol, prostrée, ne plus bouger.

Enfin le dernier acte, avec ce maquillage qui me donnait déjà l'aspect d'un cadavre : Luchino voulait que je sente tous mes os brisés à l'intérieur de moi, que chaque geste me coûte un immense effort, que l'« Addio del passato » me trouve à bout de souffle, tout en chantant pourtant, après le cri « E tardi », tout cela enchaîné comme dans un cauchemar, le corps flou. Même quand, au retour d'Alfredo, j'essayais de m'habiller, tout allait de travers, je n'y arrivais plus, j'étais comme une poupée de chiffon, je devais, me disait Luchino, « balbutier avec les gestes ». Et la fin, je me redressais – mais, m'avait expliqué Luchino, j'étais arrivée « au bout du chant », il ne me restait que le *parlando*, avant que je m'effondre d'un coup, foudroyée, les yeux grands ouverts fixant le public. Luchino y tenait : c'était, m'avait-il affirmé avec une sorte de sourire, une manière de dire à la société que représentait ce public, que c'était aussi lui, ce public, qui tuait Violetta. Je me souviens du « Ah ! » d'effroi poussé par les spectateurs : c'était unique. Après les saluts, dans la coulisse à jardin, Luchino est venu me retrouver, m'a regardée longtemps, longtemps, m'a embrassée avec une sorte de violence, j'étais prête à défaillir. Je lui ai à ce moment murmuré : « Je vous aime, Luchino… » Mais il ne m'a pas entendue, n'a pas voulu m'entendre alors.

À quelque temps de là, nous sommes retournés dîner en tête à tête dans le restaurant aux murs de soie prune : ça a été une soirée tendre, délicieuse, sans un mot prononcé sur ce que j'aurais voulu crier. Il m'a un peu parlé des *Nuits blanches*, un film sur lequel il travaillait, de Maria Schell qui en serait l'héroïne, de ces rendez-vous impossibles, ce Mario qui aime Natalia mais Natalia ne l'*entend* pas, elle aime un étranger qui s'est éloigné. « L'amour n'est jamais là où on l'attend », disait-il… Et je le regardais, je le regardais... Je lui ai répété une nouvelle fois, dans un souffle, à peine, que je l'aimais. Il m'a fixée, sans rien dire, sans répondre, sans prendre mes mains renversées sur la table, sans toucher mon épaule ou ma joue. J'ai cru voir dans ses yeux passer un lent nuage. Il m'a raccompagnée chez moi, sans un mot, a ouvert la portière de la voiture, a traversé le trottoir avec moi, jusqu'à ma porte, m'a baisé la main et s'en est retourné à sa voiture qui a démarré aussitôt.

On m'avait dit, bien sûr, qu'il préférait les garçons. Je n'ai pas voulu le croire. Puis je l'ai cru.

Je vais réécouter cette *Traviata* de 1955 : je reverrai tout. Pas besoin de ces photos : tout est là, posé sur mon cœur. Il faut que Bruna m'apporte un café très fort, très chaud. Et ensuite du Mandrax, sinon je ne pourrai pas dormir.

6 septembre 1977

J'ai mal dormi cette nuit : j'ai trop réécouté cette *Traviata* hier. Je ne sais pas si je pourrais encore chanter ainsi. Ce « Dite alla giovine »… C'était il y a vingt-deux ans ! Tout est si loin. S'il n'y avait ces photographies, ces disques qu'on continue sans cesse de m'envoyer, ces lettres d'admirateurs amoureux… Mais quand je me revois ainsi, en 1955, je repense à celle qui a alors été un modèle pour moi, Audrey Hepburn. Je l'ai vue pour la première fois dans le film de William Wyler, *Vacances romaines* : quelle classe ! Quel naturel ! Quelle simplicité dans l'apparence, dans le geste, la manière d'être, tout ! D'ailleurs elle a eu l'Oscar pour ce rôle d'Ann, la princesse qui s'amuse. J'aurais bien aimé parfois faire comme elle dans le film, filer en douce, rencontrer un Gregory Peck, visiter Rome en Vespa, mais j'ai toujours dû me plier à des règles professionnelles, à des contraintes pour protéger ma voix, à tant de choses…

Ce matin, nouvelle lubie, on me propose de nouveau *La Forza del Destino* : c'est Michel Glotz, mon impresario, qui m'a téléphoné pour me le dire. Ces derniers temps, nous sommes un peu en froid, et il est redevenu plus mon impresario que mon ami. Mais ses conseils demeurent précieux car il est d'une parfaite loyauté. Lui-même n'est pas très chaud pour cette *Force du destin*, comme on dit ici. En revanche, il croit beaucoup à la grande manifestation qui serait organisée pour mes vingt-cinq ans de carrière… Mais je n'ai plus les nerfs, non, rien, plus rien : j'ai tout donné !

Aujourd'hui, je suis si loin de tout cela. Je passe ici mes journées à regarder mes photos, toutes ces photos, tous ces rôles, tous ces moments de feu et d'électricité. Je sors un peu dans l'après-midi pour promener mes caniches, mais avec des lunettes noires pour qu'on ne me reconnaisse pas, même si le quartier est tranquille. J'ai peur de tous ces gens qui veulent m'approcher, me toucher… Bien sûr ils me disent des choses gentilles, ils veulent me faire signer des photos, d'autres photos, il y en a tant, et je n'ose pas refuser, mais je n'ai envie de parler à personne. Je peux rester des heures dans la cuisine à jouer aux cartes avec Ferrucio, il ne me dit rien ou presque, il bat les cartes, il coupe, nous jouons. De temps en temps, Bruna me fait un café. Ou Ferrucio m'emmène dans la voiture vers le bois de Boulogne. Et puis je rentre ici, je suis bien chez moi. J'aime être seule. La compagnie m'a toujours fatiguée très vite : au-delà de deux heures, c'est impossible, ces soirées, toutes ces soirées... Je préfère rester là, dans mon salon, à regarder la télévision, ça me détend. Il y a sans doute un fond infantile en chacun de nous : je l'ai et je ne m'en cache pas. J'ai besoin de solitude. Et j'ai tant de souvenirs, tant de photos, de disques pour me replonger. Parfois je me dis que je voudrais oublier certaines choses. Mais il y a eu du bonheur aussi, je me suis sentie vivre parfois !

Toutes ces premières années ont été exaltantes ! Et puis, avec les années 1950, quand j'ai commencé à faire ressortir des œuvres un peu oubliées, ou complètement oubliées, *Anna Bolena* de Donizetti par exemple, j'ai eu le sentiment d'une utilité. Car c'est le vrai problème que nous connaissons, nous autres que l'on appelle les « divas » : à quoi servons-nous ? Mais, pour dire la vérité, j'ai choisi de recréer cette *Anna Bolena* aussi parce que c'était une occasion de revoir Luchino, de retravailler avec Luchino. Bien sûr j'avais appris depuis notre *Traviata* qu'il était homosexuel et cela me révulsait... je n'arrivais pas à le croire. Et il me semblait que tout allait se dissiper quand nous nous retrouverions au bout de ces deux années, durant lesquelles Luchino m'écrivait régulièrement. Titta entretenait la relation avec lui. Mais il restait au loin, ne m'appelait jamais, comme s'il craignait de se brûler à mon contact !

Nous avons donc repris le fil. C'est-à-dire que c'est mon cher maestro Gianandrea Gavazzeni qui a eu l'intuition de ce que nous pouvions recréer, Luchino et moi, avec lui, pour faire revivre cette malheureuse Anna, cette reine déchirée qui me touchait beaucoup dans sa détresse. Nous nous sommes donc revus, Luchino et moi, sans rien évoquer du passé, de notre *Traviata*, de ce que je lui avais dit lors de notre dernier dîner... Nous avons simplement travaillé sur ce personnage, sur cet opéra, en faisant comme si cela seul nous importait, à lui et à moi.

Quelle belle aventure, cette *Anna Bolena*, un personnage qui me fascinait tant. J'ai d'abord essayé de lire des livres sur elle et puis, très vite, je me suis rendu compte que, comme toujours, tout était dans la musique. Et, encore une fois, j'ai fait confiance à Luchino : nous avons tissé ce spectacle pas à pas ; chaque soir, après les représentations, on se retrouvait, le maestro, Luchino et moi, pour faire le point, pour ajuster un détail, pour trouver ce qui sonnerait juste, dans le jeu et dans le chant. De toute façon, quand Luchino me dirigeait, je me laissais faire complètement, je ne prenais jamais l'initiative, je le laissais décider du moindre geste : je voulais seulement être son instrument et répondre avec mon âme à l'archet de sa volonté. Déjà, deux ans avant, pour *La Somnambule*, il avait cherché comment je pouvais incarner la personnalité de cette petite paysanne dans mon corps qui en était si éloigné. Il me trouvait trop grande (je mesure 1,73 mètre) pour entrer dans la peau de ce personnage. Et il a eu une idée : il m'a déguisée en danseuse du XIXe siècle, comme une sorte de Taglioni, dont il m'a montré des gravures, afin que je semble sortir d'un rêve. J'avais les bras gantés haut de blanc, la tête couronnée de fleurs, comme une ballerine romantique… Il trouvait toujours des solutions. Et dans la fosse, pour cette *Somnambule*, il y avait mon cher Lenny, Leonard Bernstein. C'était beau.

Nous avons donc préparé minutieusement *Anna Bolena*. Cela ne me posait pas de problème : je suis très travailleuse. On ne l'est jamais assez ! Luchino et moi retournions très régulièrement dîner chez Biffi, mais nous ne parlions que de la préparation du spectacle. Je n'ai jamais osé revenir sur… Ma langue me brûlait souvent, je le fixais en appuyant mon regard et en essayant d'y faire passer tout ce que je ressentais. Il est arrivé aussi qu'on se dispute, quand il employait ces vilains mots sales qui semblaient des crapauds dans sa bouche.

Je ne comprends toujours pas : lui qui était un prince, qui adorait la beauté, avait besoin de cracher ces mots orduriers, comme s'il voulait montrer une autre face de lui, qui n'était pas lui. Dans ces moments, c'était pénible, j'avais envie de partir, mais je ne le faisais pas : il le savait. Et puis nous reprenions le travail…

Et cette *Anna Bolena,* en avril 1957, a été un triomphe : une demi-heure d'applaudissements de toute la Scala debout !… Moi-même, je crois bien que je ne m'étais jamais sentie aussi bien. Il y avait Nicola dans la distribution, mon cher Rossi-Lemeni. Nicola sans qui tout cela n'aurait peut-être pas eu lieu, si un jour, à New York, il ne m'avait pas présentée à monsieur Zenatello… Il y avait aussi cette jeune Simionato, que j'aime bien. Tout était parfait, Luchino était heureux, moi aussi. Il m'avait convaincue de faire, dans la foulée, *Iphigénie en Tauride* de Gluck : bien sûr, la Grèce, la Grèce antique… J'avais beaucoup aimé chanter Alceste quatre ans plus tôt, avec le maestro Giulini. Mais je ne pensais pas que ce projet allait nous amener, Luchino et moi, à une vraie divergence sur l'interprétation théâtrale. Plutôt que d'inscrire sa mise en scène dans le cadre antique de l'action, il voulait transporter le drame à la fin du XVIIIe siècle, c'est-à-dire au moment de la création de l'œuvre ! J'ai toujours été prête à tout avec Luchino, mais, là, j'étais vraiment réticente : je suis Grecque et je voulais avoir l'air d'une Grecque sur scène, puisque c'était une histoire grecque ! Je ne parvenais pas à comprendre comment je pourrais projeter mon imaginaire dans cet univers qu'il me décrivait : mais il me disait que cette Grèce dont je lui parlais était trop lointaine. Il voulait s'inspirer des fresques de Giambattista Tiepolo, très belles en effet, et en inscrire l'esthétique dans une architecture visuelle dérivée du fameux Bibiena, l'architecte du XVIIIe siècle, dont il me montrait des dessins effectivement magnifiques. « Cet opéra doit ressembler à une fresque de Tiepolo revenue à la vie », m'expliqua-t-il un jour... Et finalement je me suis laissé convaincre : Nicolas Benois et lui ont réalisé un décor somptueux et des costumes qui sont peut-être les plus beaux que j'aie portés sur une scène ; je me souviens en particulier de cette robe blanche, largement décolletée, couverte de perles, et puis de cet immense manteau avec ses dix mètres de traîne !... On était sans doute loin de cette Grèce dont j'avais l'image en tête, mais le résultat était impressionnant ! Hélas ! ce fut notre dernière collaboration : Luchino avait pourtant d'autres projets pour moi, nous avions parlé de plusieurs rôles, Carmen ou bien Salomé ou la Maréchale du *Chevalier à la rose* de Strauss, mais je ne les sentais pas. J'avais bien évidemment envie de retravailler avec lui, mais si je ne crois pas en un personnage, je ne peux en persuader le public !

Cinq opéras, nous n'avons fait ensemble que cinq opéras ! Pourquoi pas plus ? Pourquoi ces moments tellement excitants avec Luchino ne se sont-ils pas renouvelés ? Pourquoi n'ai-je pas pu le retenir près de moi ? Je crois que je ne comprendrai jamais quelque chose qui était en lui et qui m'éloignait de lui. Et pourtant personne ne m'a fascinée comme lui. Pas même Ari. Avec lui, c'était autre chose, plus animal sans doute. Mais Luchino aurait pu m'apprendre tant de choses…

Drôle d'année pour moi d'ailleurs que cette année 1957, il y a vingt ans déjà : j'y ai goûté le bonheur de ces deux sublimes réalisations de Luchino pour ces opéras rares, *Anna Bolena* et *Iphigénie en Tauride*, que je n'aurais peut-être jamais chantés sans lui, et ma vie y a basculé à la suite de cette fête à Venise et de la rencontre que j'y ai faite, la rencontre avec mon destin, ce destin qui s'appelait Aristote Onassis, mon Ari…

Venise !… Je m'en souviendrai demain. Pour le moment, je vais sonner Bruna pour le thé, non, plutôt un café bien fort, et réécouter la scène finale d'*Anna Bolena* : c'est peut-être ce que j'ai chanté de plus éprouvant pour la voix, bien plus que ces Wagner dont on dit, quelle bêtise, qu'ils sont trop lourds, alors que la voix y est rarement à découvert et qu'on est sans cesse porté par ce tapis orchestral qui soutient, qui sécurise l'intonation et semble pousser les notes à se projeter ! Et celles-ci, même dans l'aigu, ne sont d'ailleurs pas bien difficiles. Aucune de ces fioritures, de ces subtilités d'écriture qui font toute la richesse dramatique et musicale du bel canto, en particulier chez Bellini : j'approuve entièrement Lilli Lehman lorsqu'elle déclarait que toute une série d'Isolde est beaucoup moins fatigante qu'une seule Norma ! Et Donizetti alors, cette *Anna Bolena* ! Je comprends que personne n'avait osé la chanter depuis la Pasta... Je me demande comment elle se lançait dans cette scène finale, la fameuse Pasta : aucun disque, quelques images plates. Comment savoir ? Je me souviens de la façon dont Luchino voulait que mon corps se déploie puis retombe, s'affaisse lentement dans cette scène finale, comme une feuille qui s'alourdit, disait-il... Encore Luchino !... Ah ! que je me sens faible ! Allons, Bruna, la scène finale d'*Anna Bolena*, c'est la dernière face du disque, un café chaud, bien chaud, des scones, ma coramine – et basta !

7 septembre 1977

Où en étais-je hier avec mes souvenirs ? Des photos, oui, encore des photos… Venise, en septembre 1957, cette fameuse fête donnée par Elsa. Quelle drôle de personne que cette Elsa Maxwell !… Quand je pense qu'elle avait d'abord pris le parti de l'autre !… On l'appelait « la commère » : c'est amusant. Pourtant c'est bien ce qu'elle a toujours été, à écouter aux portes, répéter ce qui se disait dans les dîners, derrière le dos de tel ou telle, puis répéter en ajoutant son grain de sel… Et Dieu qu'elle était laide, de surcroît ! Pourtant je m'en suis fait une amie – enfin, c'est un peu abusif de parler d'une « amie ». Mais j'ai fait comme si. Elle avait un pouvoir redoutable ! Elle est morte juste avant l'assassinat de Kennedy, il y a quatorze ans. Elle m'avait raconté qu'elle avait été pianiste et chanteuse de music-hall dans sa jeunesse. Elle jouait d'ailleurs encore du piano certains soirs, tard, quand je l'ai connue. Mais elle me faisait toujours une impression étrange quand nous nous rencontrions en tête à tête, comme si elle insinuait des choses sans rien dire, avec son sourire bizarre qui lui tordait un peu la bouche et ce regard qui semblait signifier quelque chose que je ne comprenais pas. En fait, elle me mettait mal à l'aise… Toujours est-il que c'est elle qui a organisé pour moi cette fête à Venise, au Danieli : j'arrivais d'Édimbourg où j'avais chanté *La Somnambule*, je me sentais bien, je me sentais belle, j'avais 34 ans et j'étais une jeune fille qui s'en va au bal !… Et quel bal ! Je n'arrive plus à me souvenir de tous ceux qui étaient là. Il y en avait tant : cet acteur américain aux yeux bleus et au sourire enjôleur, qui parlait avec une voix de crème, oui, Henry Fonda ; le prince Ruspoli ; la bégum (quelle classe !) ; et puis ce pianiste, un petit bonhomme aux yeux pétillants, aux mains qui volaient comme des papillons, on aurait dit un Italien et pourtant il était Américain, ou Polonais peut-être, oui, il me l'a dit, avec cet accent bizarre, comme s'il avait des cailloux dans la bouche, Arthur Rubinstein, quel personnage, toujours à rire et à faire des blagues… Mais à un moment, Elsa l'a appelé, il s'est mis au piano et, en quelques instants, tout le monde s'est arrêté de bouger, de parler : il a joué du Chopin, c'était beau comme si on vous caressait à l'intérieur. À la fin, on l'a applaudi, mais on avait envie de plus, de lui dire merci tout simplement. La fête a repris, le champagne, les cris de joie, les rires… On a commencé à danser, une coupe à la main, tout le monde était très chic, il y avait des bijoux comme on n'en a pas idée, je me suis vraiment amusée comme jamais je ne l'avais fait de toute ma vie.

Et puis il y a eu ce moment… Je me souviens de chaque détail : je venais de danser un épuisant fox-trot et je soufflais un peu près de la fenêtre qui donnait sur la lagune, en buvant une coupe de Dom Pérignon. Elsa me cherchait, m'a-t-on dit alors : à ce moment elle est arrivée, très empressée, flanquée d'un homme que je ne connaissais pas et à qui elle voulait me présenter. Il n'était pas très grand, assez râblé, les cheveux très noirs coiffés en arrière, il portait un smoking strict, des grosses lunettes à montures d'écaille sombre, mais surtout son visage était illuminé par un sourire, oh ! ce sourire, je n'en ai jamais connu de tel, un sourire qui ressemblait au soleil, un sourire qui vous embarquait d'un coup, un sourire qui vous dévorait aussi : c'était Ari ! « Ma chérie, avait lancé Elsa, je te présente Aristote Onassis, le plus grand armateur du monde, un dieu sur les mers comme toi sur les planches ! Et comme toi, il est Grec : vous allez avoir beaucoup à vous dire ! ». Ari m'a baisé la main, comment dire, sans apprêt particulier, sans lourdeur, sans insister – et pourtant voluptueusement. D'emblée, j'étais sous le charme. Et sa voix souple et grave qui résonnait près de mon oreille dans le brouhaha : nous nous étions assis dans deux fauteuils rapprochés, du côté de l'immense cheminée gothique de ce salon du Danieli, et nous avons commencé à parler de je ne sais plus quoi, de banalités sans doute, en anglais bien sûr : c'était la langue de la soirée. Et puis soudain Ari s'est penché et a commencé à me parler en grec !... C'était inattendu, j'ai ressenti un frisson intense, quelque chose que je ne connaissais pas de moi. J'allais lui répondre quand Titta est arrivé : « Mon mari », lui ai-je présenté... Ari a parlé de sa femme, Tina, s'est levé et s'est éloigné. Nous nous sommes bien sûr croisés encore à plusieurs reprises durant cette soirée, cette fête qui ne s'arrêtait pas. À un moment, Elsa m'a fait signe, elle s'est mise au piano et a commencé à jouer ce thème jazzy que j'avais entendu chanter par Ella Fitzgerald, *Stormy Weather* ; elle m'a fait un signe et j'ai commencé à chanter, le silence s'est fait : « *Don't know why there's no sun up in the sky, stormy weather...* » Je voyais Titta un peu surpris alors que, à quelques pas, Ari avait l'air de savourer. J'en rajoutais dans le langoureux des phrasés... Et à la fin, je me suis lâchée d'abord en swinguant puis en murmurant les derniers mots comme si je chuchotais à un amant... Je me sentais tout à fait autre – ou peut-être moi-même, qui sait... Je me souviens seulement que c'était délicieux !

Tout le monde a applaudi, Elsa m'a jeté une œillade, Ari est venu, m'a pris les deux mains, les a baisées avec une sorte de gourmandise et m'a dit qu'il faudrait que nous venions, mon mari et moi, le rejoindre dès que cela nous serait possible sur son yacht, le *Christina,* qui était ancré tout près, disait-il, dans la lagune. Titta et moi avons promis, nous avons embrassé Tina, on s'est quittés…

La soirée a encore duré longtemps. Je n'étais pas fatiguée, je me sentais des ailes, je dansais, je parlais avec chacun, je riais, je buvais (trop !) de ce champagne délicieux que faisait servir Elsa, j'étais heureuse. Car, en fait, moi que l'on imaginait aimée du monde entier, moi que l'on décrivait perfidement passant de fête en fête, je menais au contraire une existence de recluse ! Le public ne sait pas ce qu'il faut de sacrifices pour chanter, pour que la voix soit toujours prête, pour qu'elle ne se fatigue pas, pour connaître par cœur tous ces rôles interminables, pour ne pas oublier une inflexion, une intention, un phrasé, pour répéter le plus précisément possible tous les multiples gestes et déplacements décidés par le metteur en scène, et tout cela en suivant la battue impitoyable du chef sans pouvoir s'en abstraire un dixième de seconde sous peine de mettre tout par terre !… Alors quand on sait tout cela, on sait aussi que la chanteuse n'a pas la possibilité de faire la fête ! C'est ce qui d'abord m'a rendue heureuse ce soir-là, cette nuit-là à Venise : le plaisir de me sentir libre, jeune, et de pouvoir profiter d'une récréation !

Le lendemain, nous sommes allés déguster des pâtes vertes au Harry's Bar avec Henry Fonda et Elsa. Nous avons aperçu au loin le *Christina*, qui était en effet impressionnant de longueur, tout blanc avec seulement la grande cheminée centrale jaune... Et puis nous avons encore potiné quelques jours avec tel ou telle. Elsa bien sûr était toujours là, accrochée comme une sangsue. Pourtant je ne peux que la remercier d'avoir organisé pour moi cette fête à Venise : tout a changé pour moi à partir de là, à l'intérieur de moi. J'ai regardé Titta différemment... Oh, bien sûr, il était toujours aussi gentil, aussi prévenant, aussi attentif à tout, à mes affaires surtout puisqu'il en était comptable bien sûr, mais je crois qu'il m'aimait bien aussi. Pas comme on aime d'amour sans doute – mais ça ne me manquait pas en fait, je ne l'ai su qu'après. Il faisait en sorte que je ne manque jamais de rien et il avait aménagé notre belle maison de la via Buonarotti à Milan avec beaucoup de goût, un goût raisonnable certes, pas le chic et le chien d'Ari c'est évident, mais ce goût-là me plaisait bien, c'était aussi le mien en fait. Nous étions souvent en voyage et il m'entourait toujours avec quelque chose de tendre, comme si j'étais sa fille – d'ailleurs, il en avait l'âge, plus âgé que moi de vingt-sept ans… Mais durant cette fête à Venise, j'avais rencontré Henry Fonda. Quel charme, même si lui aussi avait près de vingt ans de plus que moi. Et Ari, plus vieux que moi de dix-sept ans. Mais ces deux-là avaient quelque chose de… quelque chose que je ne saurais pas dire… Quelque chose que n'avait pas Titta.

Pourtant je n'ai pas eu le temps de trop rêvasser, de trop m'attarder, ni même d'aller voir de près le yacht d'Ari (je ne l'appelais pas ainsi alors !). Déjà il nous fallait repartir : des engagements en Amérique d'abord, et puis la préparation d'un nouveau rôle, celui d'Amelia du *Bal masqué* pour l'ouverture de saison de la Scala, un personnage si émouvant. J'aime Verdi : il m'a donné de si beaux rôles, Violetta d'abord bien sûr, cette *Traviata* qui est peut-être le rôle que j'ai préféré chanter, avec Norma de Bellini. Mais aussi Leonora, celle du *Trouvère*, ou Aïda, ou lady Macbeth… Chaque fois, il faut se jeter dans ces rôles comme si on allait mourir : Verdi est très exigeant et si tous ses rôles sont très bien écrits, en tout cas pour ma voix, ils nécessitent une intensité à la fois vocale, bien sûr, mais aussi psychique. C'est d'ailleurs ce qui rend ce beau rôle d'Amelia du *Bal masqué* à la fois si brûlant et si éprouvant. J'avais pris tout mon temps pour l'apprendre, dans la solitude comme toujours : pour apprendre un opéra, la solitude est la première condition, pour chanter et écouter la musique dans ma tête, pour avoir... je n'ai jamais pu vraiment l'expliquer : c'est un monde en nous, dans notre âme. C'est quelque chose que l'on voit et que l'on sent, quelque chose d'entier qui peu à peu se forme et que l'on doit restituer. Après cela, on travaille les détails bien sûr, mais, avant même de commencer les répétitions, on sait déjà à peu près exactement ce que l'on veut faire. Il n'y a pas de « génie » là-dedans, plutôt une vision de l'âme, un moment où le cerveau, qui toujours demande « Est-ce logique ou pas ? », s'arrête complètement, et alors on peut se laisser aller. C'est une sensation qui nous guide, même pour les gestes. Ce *Bal masqué,* je l'avais enregistré l'année précédente avec Antonino Votto pour EMI, mais je ne l'ai plus jamais chanté après cette série à la Scala – bien que j'aie fait un triomphe : même le président Gronchi est venu me féliciter le soir de la première ! Ah ! le président !... Je ne m'imaginais pas alors ce que j'allais vivre avec lui à peine un mois plus tard ! Ou plutôt ne pas vivre !... Ce cauchemar ! Après la fête, après les bravos, après le bonheur de chanter Verdi à la Scala...

Cette soirée maudite de la *Norma* de Rome, le 2 janvier 1958... Je ne sais pas si j'ai envie de me souvenir de ce jour noir ! On verra demain. Pour le moment, je dois me calmer, car cette évocation de ma fête à Venise m'a un peu échauffée. Il faudrait que je me repose maintenant.

Je vais m'étendre un peu avant d'appeler Bruna, il est encore un peu tôt. Ensuite, je choisirai quel disque écouter, ce *Bal masqué* peut-être : j'aime tellement cet air, « Morro ma prima in grazia », ce moment où Amelia se sent tellement mère, et pense d'abord à son enfant... Ce doit être toujours comme cela quand on a un enfant... Le personnage est tout entier là, dans cette terrible déchirure. Je me souviens : il y a une phrase de violoncelle d'abord, et puis très vite l'air, cette prière, une plainte plutôt, pour laquelle il faut trouver une couleur désolée. Je me sentais comme creusée de l'intérieur chaque fois que je l'ai chanté. Il y a des rôles comme ça...

Quand je repense à cet enchaînement : la fête à Venise, ma première rencontre avec Ari, *Le Bal masqué* à la Scala, cette Amelia, ce rôle d'épouse obligée, d'amante impossible, et de mère surtout, de mère, et puis la catastrophe de Rome... Venise, Milan, Rome, curieux parcours. Non, je n'en veux pas plus pour aujourd'hui. Un peu de repos d'abord – et puis j'irai promener les chiens, ça me fera prendre l'air, j'en ai bien besoin.

8 septembre 1977

J'ai mal dormi cette nuit. Je n'avais plus de Mandrax. Peut-être parce que ces souvenirs me remuent trop, ces photos, ces disques, ces mots, ces lettres. Sans doute ne devrais-je pas faire revenir sans cesse ces émotions, tout ce qui m'a faite. Et défaite. *Vissi d'arte, vissi d'amore* : pauvre Tosca, elle aussi… Est-ce une malédiction d'être une femme ?

Où en étais-je hier soir ? Ah ! le scandale de Rome ! Cette *Norma* du 2 janvier 1958 qu'on m'a si longtemps reprochée. Mais je dois être honnête avec moi-même : de quoi s'agissait-il ? Je sortais de ma série des *Bal masqué* à la Scala à la fin d'une année 1957 particulièrement chargée ; j'avais accepté de chanter *Norma* à l'Opéra de Rome le lendemain du 1er janvier, mais ce qui aurait pu n'être qu'une représentation parmi d'autres s'était soudain transformé en événement. En effet, pour ouvrir la nouvelle année, le président de la République, monsieur Gronchi, qui était venu me féliciter à l'issue de la première du *Bal masqué* à la Scala, avait décidé d'inviter un grand nombre de personnalités politiques à cette soirée, comme une sorte de cadeau qu'il voulait leur offrir. De mon côté, je me sentais fatiguée en arrivant à Rome après la série des *Bal masqué*. Pourtant, les répétitions s'étaient bien passées à la toute fin décembre : il y avait Franco Corelli pour Pollione et cette jeune Miriam Pirazzini, très bien en Adalgisa. Et le maestro Gabriele Santini était très attentif. Finalement, plus les répétitions avançaient, mieux je me sentais. Et puis, je ne sais pas pourquoi, le 29 décembre, je me suis réveillée avec de violents maux de gorge. Je suis resté enfermée quarante-huit heures dans ma chambre d'hôtel ; puis, le 31, je suis allée chanter *Casta Diva* à la RAI, pour le concert de la Saint-Sylvestre. Et c'est là que, peut-être, j'ai fait une bêtise, car je suis partie réveillonner avec mes amis et nous avons prolongé le dîner dans un club à la mode… qui portait un nom prémonitoire : Le Cercle des échecs !… Là, j'ai bu du champagne, je me suis beaucoup amusée… et le lendemain je me suis réveillée sans voix !

J'ai tout de suite compris que je ne pourrais pas chanter le 2 : j'en ai fait avertir le directeur de l'Opéra de Rome. Mais celui-ci, au lieu d'essayer de me réconforter, de me consoler, a refusé d'accepter ce qu'il a appelé « une désertion » ; il m'a expliqué que le président de la République serait là, qu'il avait tout prévu, tout organisé et que je devais chanter ! J'étais désemparée, acculée au désastre, Titta était rongé d'inquiétude... Je me suis alors couchée et j'ai plutôt bien dormi. Je me sentais mieux ce 2 janvier, à mon réveil : de toute façon, je savais que je n'avais pas le choix. Quand je suis arrivée à l'Opéra, tout le quartier était rempli de policiers ; je me suis engouffrée, suis allée à ma loge : la maquilleuse m'y attendait. Je n'ai pas dit un mot ou presque. Le directeur est venu me saluer : manifestement, il n'en menait pas large !... J'ai revêtu la belle robe blanche de Norma, on m'a posé le diadème, j'ai un peu fait ma voix, pas trop pour ne pas la fatiguer – et j'ai tout de suite constaté que ce serait difficile : j'avais des picotements sur les cordes, je sentais l'inflammation qui gonflait mon larynx... Et puis on a annoncé que le président Gronchi entrait dans sa loge, le noir s'est fait, Gabriele Santini a levé sa baguette et la belle musique de Bellini a commencé. J'étais au pied du mur, c'était l'entrée de Norma pour ce *Casta Diva* que le public attend toujours, d'abord parce que c'est un air magnifique, ensuite parce qu'il renseigne sur ce que va être cette Norma. J'étais consciente de mes limites : je me suis donc avancée avec le plus de majesté possible, le geste souverain... et j'ai chanté. Mais la voix n'était pas là, le médium était voilé, les aigus stridents, toute ma technique n'arrivait pas à pallier la défaillance... Et je sentais de manière palpable la déception du public, une houle silencieuse, un certain embarras dans le silence...

Je suis allée jusqu'à la fin de l'acte, à vrai dire je ne sais pas comment : il y a eu des applaudissements bien sûr mais, comment dire, des applaudissements mesurés. Et je suis sortie en coulisse, on m'a soutenue jusqu'à ma loge, il me semble qu'il n'y avait pas un bruit sur le plateau, une sorte de bourdonnement simplement... Alors je me suis effondrée : j'étais quasi morte. Et je savais que je ne pourrais pas terminer. Le directeur, livide, avait beau supplier, gronder, tempêter, menacer, s'agenouiller, prier : rien n'y faisait, je savais que je ne pouvais plus retourner. Alors, bien sûr, ça s'est mal passé ; le président Gronchi a regagné sa loge alors que l'entracte durait. Puis il est parti : le directeur avait dû le prévenir, ou le faire prévenir. On a ensuite annoncé que j'étais souffrante et que je ne pouvais pas terminer la représentation. Alors là, le public s'est mis à crier, mais crier, hurler, s'embraser, m'insulter à distance. On m'a raconté, et on ne m'a sans doute pas tout dit ! C'était de la haine : on m'a d'ailleurs fait sortir avec Titta par un souterrain pour que nous ne croisions pas la foule qui m'attendait à l'entrée des artistes... Ils auraient été capables de me frapper, je crois ! Nous sommes arrivés à l'hôtel en tremblant, nous nous sommes enfermés dans notre suite, je me suis fait monter un thé bien chaud et je me suis couchée : j'étais épuisée. Le lendemain, il fallait voir la presse : « mauvaise femme », « capricieuse », « moins que rien », « étrangère », « artiste indigne », « insulte au président de la République »... Un scandale ! J'ai gardé tous les articles. Mais il n'y a pas que la presse qui s'est déchaînée : un arrêté a même été pris par la préfecture pour m'interdire tout accès à l'Opéra de Rome !... Une folie !

S'ils avaient attendu quelques jours, j'aurais pu me reprendre et tout serait rentré dans l'ordre. D'ailleurs j'avais déjà chanté cette *Norma* à l'Opéra de Rome, à deux reprises, en 1950 et en 1953 je crois ; alors pourquoi ce drame, pourquoi ces excès ? Nous ne sommes pas des machines et un président de la République n'est pas un dieu ! Je me suis sentie encore une fois bien seule : Titta voulait me réconforter, mais ne trouvait pas les mots, personne ne les trouvait. C'est si difficile...

On m'en a prêté, de ces soi-disant « caprices », durant toutes ces années ! En fait, dès que je demandais quelque chose qui n'était pas exactement dans les habitudes des théâtres où je chantais, on criait au « caprice », alors que je ne faisais la plupart du temps qu'essayer d'être en accord profond avec la pensée du compositeur, de suivre les perspectives qu'il avait tracées pour l'interprétation d'un personnage. Et, c'est vrai, je pouvais me fâcher si l'on essayait de m'obliger à faire autre chose que ce que je lisais dans la partition ! Quant au respect de l'artiste que je suis, que je m'efforce d'être, il m'a toujours semblé normal de l'exiger : c'est aussi une façon de mettre l'art au niveau où il devrait toujours être, au sommet. Je sais bien qu'aujourd'hui on veut parfois avoir raison contre l'art, je sais bien qu'il y a des chefs ou des metteurs en scène qui se pensent plus importants que les compositeurs ; ce n'est pas mon avis. Et si m'opposer à leurs désirs d'originalité forcenée est un « caprice », alors je suis prête à faire des caprices.

Je crois en l'art comme en une religion, je crois qu'il y a quelque chose de sacré dans l'art et je veux qu'on le respecte. Aurait-on préféré, lors de cette *Norma* maudite de Rome, que je me laisse convaincre de revenir en scène exsangue, que je chante en la défigurant la sublime musique de Bellini, que je méprise ainsi ce public qui m'aurait confondue avec la musique et qui, parce que je suis la Callas, m'aurait applaudie alors que j'aurais fait du mal à cette musique que j'aime tant ? Non, ce n'est pas ma conception du respect. Alors je me moque que l'on baptise « caprice » ce qui n'est qu'une farouche volonté de conserver à cet art, la musique, son intégrité. Je m'en sens l'humble servante, *l'umile ancella* comme dans ce bel air d'*Adrienne Lecouvreur* que j'ai chanté plusieurs fois en récital – tout le reste ne compte pas. Quant à quelques éclats que j'ai pu faire, eh bien oui, j'ai mon caractère, je suis Grecque ! Mais qu'est-ce qui importe le plus dans la vie d'une chanteuse ? Qu'elle se mette en colère si on l'embête ou qu'elle rende justice à ces pages sublimes que nous ont léguées les compositeurs ? Pour ma part, j'ai la réponse.

C'est exactement comme cette histoire avec Renata Tebaldi, que je respecte bien sûr, qui a une jolie voix sans doute, qui est une bonne chanteuse assurément – mais qui n'avait aucune raison de monopoliser la Scala ! Peut-être cela a-t-il été plus le fait de Ghiringelli, le directeur, que le sien… Je ne l'ai jamais aimé, lui : il était fourbe, il était faux, il a gravement menti pour l'affaire d'Édimbourg, quand il n'a pas voulu reconnaître que je n'avais signé que pour quatre représentations alors qu'il en avait programmé cinq ! Et, bien sûr, on a encore dit que je faisais un caprice !… En fait, Renata, je suis allée l'écouter dans plusieurs productions, je suis même allée la féliciter et je n'ai jamais eu de particulière animosité contre elle. On m'a fait dire un certain nombre de choses à son encontre ; est-on sûr que je les ai vraiment dites ? Ce fameux « mot », rapporté par ma « chère » Elsa Maxwell, où je nous aurais comparées, moi et Renata, respectivement au champagne et au Coca-Cola... : je ne m'en souviens pas. L'ai-je dit ? Me l'a-t-on prêté ? Comment être sûre ? Je sais que Titta voulait sans cesse éteindre ces incendies entre Renata et moi – ou, pour être plus exacte, entre mes amis et les amis de Renata. Finalement, ça faisait parler de nous, de l'art, de l'opéra...

Et puis, au milieu de cet univers où tout résonne dans l'éclat et la fureur, comment s'étonner de ces orages qui peuvent nous affecter, nous les artistes qui endossons sans cesse des costumes cousus de frissons ? Je chantais Médée, prête à égorger ses propres enfants par haine amoureuse ; je chantais Lucia, qui trucide son mari pendant sa nuit de noces ; je chantais Tosca, qui poignarde à mort un chef de la police trop entreprenant ! Comment s'étonner que la rage de ces rôles ait débordé dans ma vie ? D'autant que nombreux étaient ceux qui me susurraient que Renata voulait ma place, voulait mes rôles, voulait mes costumes ! Alors, des mots un peu méchants peut-être... C'est la fatalité de l'opéra. Mais il est vrai que je n'ai jamais chanté comme Renata. Car il ne suffit pas d'avoir une belle voix : cette voix, il faut la prendre et la mettre en mille morceaux pour qu'elle devienne capable de servir les besoins de la musique, de l'expression. J'ai chaque fois une conception des personnages, je veux les incarner avec ma voix bien sûr, mais aussi avec ma chair, mon sang, avec mes douleurs, avec mes souffrances, je veux les rendre vivants. Pour cela, il ne faut pas chercher seulement à faire du beau son : il faut se jeter dans le feu !

Mais toutes ces querelles, tous ces cris, ces éclats, tout cela est vite passé pour moi à l'arrière-plan. Parce qu'il faut bien que je reconnaisse que je pensais souvent à autre chose, que je me sentais remuée, que j'avais le sentiment, tout en ayant conscience des exigences de ma vie d'artiste, que ma vie de femme était en train de basculer. Je ne me l'avouais pas vraiment alors, mais il y avait quelque chose qui avait bougé en moi... Tout a été clair quand je suis retournée à Venise au printemps 1959, chez la comtesse Castelbarco, et que j'y ai retrouvé Ari.

Cela va être délicieux de se souvenir d'Ari, des débuts de notre rencontre ; cela va être douloureux aussi, car je sais bien que nous n'étions pas dans le même tempo. Mais je l'ai aimé, lui, je l'ai tellement aimé, avec le cœur, avec la peau, avec le ventre, oh ! oui, je l'ai aimé, Ari. Même si lui...

Mais je garde cela pour demain : je m'installerai bien, je ressortirai toutes ces photos, toutes nos photos, je chanterai doucement pour lui, j'aurais aimé, mais il s'en moquait... J'ai besoin de replonger dans cet amour qui m'a réalisée et qui m'a déchirée. Je ne sais pas pourquoi. C'est comme Norma, peut-être : elle sait que Pollione lui préfère Adalgisa, mais elle aime quand même Pollione... Nous sommes des femmes et notre destin est peut-être de toujours souffrir...

Bruna va m'apporter un grand café très fort, très chaud, des scones, un peu de confiture, ma coramine, je vais rêvasser sous mon plaid, le grand rouge sombre... Et j'écouterai ma *Norma*, je ne sais pas quel enregistrement, peut-être tout simplement celui dirigé par Tullio, mon cher Tullio Serafin. J'ai parfois pensé que Bellini avait écrit *Norma* pour moi : je m'y sens bien, confortable, frémissante jusqu'au bout de tout, des lèvres, de la peau, des ongles : *Casta Diva*...

9 septembre 1977

Donc, Ari ! Après cette première rencontre lors de la fête à Venise de l'automne 1957, je l'ai revu dix-huit mois plus tard, de nouveau à Venise, chez la comtesse Castelbarco, la fille du maestro Toscanini, qui m'avait invitée à « venir découvrir le printemps sur la lagune ». La réception dans le palais de la comtesse s'annonçait somptueuse : elle l'était en effet, avec beaucoup de lumières, de candélabres, beaucoup de personnel en habit, beaucoup d'invités. Je suis arrivée au bras de Titta, un peu en retard car j'avais beaucoup hésité sur les bijoux à porter ; finalement j'avais choisi une parure de rubis rehaussés de diamants qui mettait mon teint en valeur, et qui relevait la simplicité de ma robe, un fourreau de satin noir légèrement évasé sur les chevilles, avec une étole en soie noire brochée d'or sur les épaules. J'ai vu que je faisais grand effet dès mon arrivée : la comtesse et le comte ont été charmants, ils m'ont introduite dans leurs salons, m'ont présentée à tel ou telle de l'aristocratie vénitienne qui semblait tout entière réunie là. Et soudain, dans le plus grand salon, au sol un peu incurvé par le temps, illuminé par trois énormes lustres de Murano, je l'ai vu. Il était en conversation avec un groupe, un verre de whisky à la main, un cigare aux lèvres ; il a posé l'un et l'autre et s'est empressé vers moi, m'a baisé la main avec effusion, a salué Titta aussi, bien sûr.

Il manifestait avec une sorte de joie un peu exagérée le plaisir de nous retrouver là, Titta et moi : « Il me semble que Venise nous porte chance ! » a-t-il lancé. Et il nous a entraînés jusqu'à Tina, son épouse, une belle femme qui semblait auréolée d'une sorte de lassitude, même si elle était d'une élégance extrême avec son chignon blond foncé dans lequel elle avait piqué des aigrettes de diamant, sa belle robe de soie vert sombre au décolleté rehaussé d'un triple rang de perles. Nous avons un peu conversé tous les quatre, et puis Ari m'a guidée vers le balcon « pour admirer la vue », et nous avons laissé Tina et Titta tous les deux… Ensuite, ah ! ensuite ! Tout s'est noué là, dans le palais de la comtesse : après avoir fait quelques saluts de convention, nous nous sommes mis à l'écart, Ari et moi, dans deux fauteuils de velours jaune paille. Je me souviens de tout, il s'est fait servir un whisky, j'ai préféré du champagne. Et il m'a lancé, en grec bien sûr : « Où en étions-nous ? » Comme si ces dix-huit mois n'avaient été qu'un bref instant et que nous reprenions naturellement notre conversation.

Il m'a dit qu'il avait « beaucoup pensé à moi » durant ces dix-huit mois ; je n'ai pas pu me retenir de lui dire, d'un seul élan, que moi aussi : il m'a regardée alors, regardée avec cet œil à la fois lumineux et gourmand que je ne pourrai jamais oublier, même si je dois vivre cent ans ! Et puis il m'a dit qu'il croyait au destin et qu'il ne pouvait croire que notre rencontre était fortuite, celle de deux Grecs exilés qui ont su dominer le sort pour devenir, chacun dans son domaine, des « rois du monde », selon son expression. Il a ajouté qu'il y avait sans doute des « forces obscures » qui nous guidaient l'un vers l'autre ; j'entends encore les inflexions de sa voix, son timbre grave de baryton basse, la tessiture de Don Giovanni bien sûr, j'aurais pu me méfier, j'aurais peut-être dû – et pourtant je ne regrette rien. En tout cas, pas cela. Je me sentais aimantée vers lui au fur et à mesure qu'il parlait de ce destin, de « notre » destin, des dieux de la Grèce, de tout ce que nous avions « à partager ». Il a voulu que je lui raconte mon enfance, depuis Brooklyn : je l'ai fait, bien sûr, mais j'ai un peu enjolivé, j'ai oublié de lui dire que j'étais grosse alors, avec ces horribles lunettes de myope (même si lui en portait, à montures d'écaille sombres, mais, pour les hommes, c'est différent), je lui racontais le quartier, les grands Noirs qui jouaient du jazz sur le trottoir et que nous écoutions avec ma sœur... Je ne sais plus si je lui ai dit alors qu'elle s'appelait Jackie !... Et le radio-crochet, ma mère fière de moi, le retour en Europe, mes débuts à Vérone, *La Gioconda* (je n'ai pas osé lui dire que l'histoire en était celle d'un capitaine de navire et d'une chanteuse), et ces frissons du triomphe...

Il avait le menton posé dans la paume de sa main et m'écoutait avec ce sourire : nous étions ailleurs, loin, tous les deux seuls. J'ai voulu savoir à mon tour ce qu'avaient été son enfance, ses débuts : il a ri, j'ai insisté, il a évoqué alors sa naissance à Smyrne, son père qui était négociant en tabac, sa grand-mère qui l'avait élevé après la mort de sa mère, sa volonté de faire du commerce plutôt que des études : il s'amusait par exemple tout jeune à vendre des raisins dans les rues ! Et puis il y avait eu ce qu'il appelait « le grand massacre de 1922 », sa ville de Smyrne détruite par les troupes de Mustafa Kemal – ensuite il avait émigré en Argentine, en 1923, l'année de ma naissance. À partir de là, il s'est un peu échauffé : il semblait se retrouver à Buenos Aires, il me « montrait » les maisons du port, en tôle et en bois mais colorées par les marins avec les restes de la peinture dont ils enduisaient leurs bateaux. C'est là qu'il a commencé à faire toutes sortes de métiers, pour finalement retrouver celui de son père et se mettre à son tour à vendre des balles de tabac ! Il est même allé jusqu'à ouvrir une manufacture de tabac. Surtout, m'a-t-il dit en me regardant fixement, le destin l'avait touché du doigt déjà, puisque deux personnes l'avaient beaucoup aidé en achetant et en faisant connaître ses cigarettes ; et ces deux personnes étaient des artistes : un chanteur de tango déjà très célèbre, qu'il avait rencontré dans un café, Carlos Gardel, et une « cantatrice », comme il disait, une Italienne qui était une vedette au Colón de Buenos Aires, l'Italienne Claudia Muzio ! « Déjà ! » a-t-il répété en posant sa main sur mon avant-bras : j'ai cru recevoir une décharge électrique ! Ensuite, tout s'est accéléré quand il a racheté six cargos au Canada pour faire du commerce maritime ; et puis il a eu l'intuition que le monde entier allait avoir besoin de pétrole et qu'il faudrait donc des pétroliers pour le transporter : il a abrégé en concluant par : « Et puis voilà !… » Il m'a alors tendu la main, nous nous sommes levés, avons croisé les autres et nous avons retrouvé nos conjoints, Tina et Titta, qui semblaient discuter bien tranquillement dans le salon principal.

Et Ari, entourant les épaules de sa femme, a lancé en me regardant droit dans les yeux : « J'ai invité nos amis sur le *Christina.* » Tina a hoché la tête, sachant bien qu'elle n'avait rien à dire. D'autant qu'Ari a aussitôt enchaîné : « Ils partent avec nous la semaine prochaine... » Titta m'a alors regardée avec étonnement en balbutiant : « Mais, Maria ! Covent Garden !... » J'avais le sentiment qu'il manquait d'air, qu'il était soudain en train de comprendre et qu'il se raccrochait désespérément à cette branche, Covent Garden, mon engagement pour la *Médée* de Cherubini. Médée... la Grèce... notre Grèce, à Ari et à moi : le destin, encore ! J'ai acquiescé bien sûr et expliqué que je ne pouvais pas sauter par-dessus cette série de *Médée*. En aurais-je eu envie ? Très honnêtement, je ne sais pas. Je suis droite et très scrupuleuse, quoi qu'en disent certains.

Donc je suis partie pour Londres... et c'est Ari qui nous y a rejoints ! Il a loué une dizaine de places pour la première de *Médée* et, après cette représentation, il a organisé un grand souper en mon honneur, comme il savait le faire, une vraie fête, à l'hôtel Dorchester. Il y avait bien sûr du caviar, du champagne, l'hôtel avait été décoré de milliers de roses rouges, j'étais placée à la droite d'Ari. Il était étourdissant, un tel brio ! Il enchaînait les facéties et les confidences, il me décrivait son empire avec un chic qui me fascinait et, chaque fois que sa main frôlait la mienne, j'avais le sentiment que mon cœur battait avec plus d'intensité que je n'en avais jamais éprouvé. Tout tournait devant mes yeux, tout me charmait, tout m'enivrait. J'ai cru un moment que ce tourbillon ne s'arrêterait jamais !

Nous nous sommes quittés vers 3 heures du matin. Titta avait l'air épuisé, Tina aussi, qui avait l'œil sombre. Moi j'étais en pleine forme, je me sentais légère, j'aurais pu danser. Les invités ont applaudi quand, devant l'entrée du Dorchester, Ari et Titta m'ont entourée tous les deux en joignant leurs mains sur mon manteau de chinchilla. Et donc, bien sûr, nous avons accepté l'invitation des Onassis pour cette croisière fatale sur le fameux *Christina*, en juillet. Je me souviens qu'Ari a lancé : « Il y aura Winston Churchill et les Agnelli » – et puis il a ajouté, comme pour faire monter les enchères : « Greta Garbo nous rejoindra en route. » Mais je n'avais pas besoin de cette distribution hollywoodienne pour me convaincre : il suffisait qu'il y ait Ari !

Le 22 juillet, nous nous sommes tous retrouvés à Monte-Carlo, où était ancré le *Christina*. Il faisait un temps magnifique, l'équipage était tout en blanc. Le jeune prince Rainier de Monaco est venu assister à l'appareillage, flanqué de sa lumineuse épouse, Grace Kelly, qu'il avait épousée trois ans plus tôt. Mon Dieu, qu'elle était belle ! J'ai découvert ce bateau, mais c'était plus qu'un bateau, un palace flottant plutôt, de plus de 100 mètres de long, avec cinq ponts, des cabines immenses, meublées comme on n'a pas idée, avec des bois précieux, des salles de bains aux robinets en or, des tableaux de maîtres sur les murs, la reproduction d'une fresque antique, grecque bien sûr, au fond de la piscine, et même – Ari, très fier, a tenu à me le montrer – un bloc opératoire ! Et pour que les passagers n'aient qu'à exprimer leurs désirs dans des conditions de rêve, un équipage d'une trentaine de marins ! J'étais éblouie !…

J'imaginais bien qu'il y avait là, non seulement dans ce yacht lui-même, mais aussi dans la façon qu'avait Ari de le montrer, quelque chose d'une revanche. Et aussi, sans doute, une façon de se mesurer à ses rivaux, Niarchos et Livanos – même si, pour ce dernier, il avait su neutraliser l'influence négative en épousant sa fille Athina, Tina. Je comprenais tout à fait ce sentiment : moi aussi j'ai commencé difficilement et c'est sans doute ce sentiment d'avoir dû, chacun, forcer le destin qui nous a rapprochés instinctivement. Mes valises ont été portées dans notre cabine, Titta est remonté, je m'en souviens encore, en s'épongeant le front, un peu essoufflé. Il s'est jeté dans un fauteuil en osier sur le pont arrière et s'est fait servir un peu d'eau. Pour ma part, j'ai suivi Ari jusqu'au pont supérieur, et c'est à côté de lui que j'ai suivi l'appareillage. Puis, il nous a fait servir à chacun une coupe de champagne et nous avons trinqué en nous regardant sans rien dire, alors que le *Christina* quittait le port de Monte-Carlo sous les applaudissements de tous les braves gens venus le voir partir.

Dès que nous avons été en mer, au large de l'Italie bientôt, la vie à bord s'est organisée. Une fois chacun de nous bien installé, nous avons pris l'habitude de nous retrouver au bord de la piscine pour des conversations sans fin sur tout et sur rien, sur la mode, sur le cinéma, sur nos amis qui étaient absents. Nous parlions en anglais ou en français – et avec Ari en grec… Titta était bien sûr un peu dépassé, lui qui ne parlait qu'italien ! Je crois aussi qu'il était choqué par nos manières : il est vrai que nous étions toutes et tous assez peu vêtus, un maillot de bain, un paréo, rien de plus, alors que lui n'imaginait pas de montrer sa peau ! Et puis le soir, Ari faisait servir des dîners somptueux, avec des vins incroyables, et nous étions tous un peu, comment dire ? non pas ivres, mais gais, légers, parlant de plus en plus fort. Ensuite, nous dansions dans le grand salon au son de disques modernes qui, me disait-il, l'effrayaient… Moi, je m'amusais comme une folle ! Tout le monde s'amusait beaucoup d'ailleurs, sauf Titta bien sûr, et Tina aussi, qui me regardait d'un œil de plus en plus noir parce qu'elle voyait bien qu'Ari se rapprochait de plus en plus de moi, que nous dansions de plus en plus serrés, que nous nous isolions de plus en plus souvent pour parler en grec...

J'ai l'impression que Titta, lui, ne se rendait compte de rien : il était simplement de mauvaise humeur parce que cette vie ne lui convenait pas. Par exemple, un jour, lors d'une escale à Portofino, j'avais accepté, à la demande d'Ari, de mettre une perruque rouge vif et de me peindre les lèvres en violet : la tête de Titta quand il m'a vue ! Et celle des badauds quand nous avons débarqué, c'était d'un drôle ! Ce jour-là, Ari m'a entraînée dans les boutiques du port. Lorsque, dans l'une d'elles, j'ai regardé un joli bracelet fantaisie turquoise, il m'a acheté (« pour aller avec ») cinq paires de boucles d'oreilles assorties, trois colliers, deux sacs à main, cinq paires de sandales, des foulards et je ne sais plus quoi, la moitié du magasin ! J'étais comme une enfant ! Ce que, en fait, je n'avais jamais été... Je me sentais de mieux en mieux avec Ari, son sourire qui me faisait fondre – et derrière lequel il y avait ces dents avec lesquelles je me disais bien qu'il pourrait me manger, qu'il allait me manger... Et c'était délicieux !

J'avais envie d'être une proie offerte à ce fauve-là. Je n'osais pas encore donner de nom à ce que j'éprouvais, mais quand, par hasard, mon regard tombait sur le malheureux Titta, je me demandais si j'étais vraiment la femme de ce mari-là... Je riais alors un peu plus fort, un peu trop fort, ou je m'amusais de manière un peu trop appuyée... Mais le 6 août, le *Christina* a jeté l'ancre au large du mont Athos, en pleine mer Égée, dans cette Grèce qui nous rapprochait encore, Ari et moi. Le patriarche de Constantinople s'est déplacé pour nous accueillir : là encore, je me souviens de chaque détail ! Nous avons marché vers lui sans rien dire, nous nous sommes agenouillés côte à côte à ses pieds et il a béni « la plus grande chanteuse du monde » et « le nouvel Ulysse ». J'ai eu alors le sentiment que mon amour était sanctifié. Le soir même, quand est venue l'heure du coucher, je n'ai pas rejoint Titta dans la cabine.

La croisière a duré dix-sept jours et les derniers ont été plus difficiles. Les Agnelli faisaient comme si de rien n'était, alors que Winston Churchill me faisait des clins d'œil en tirant sur son cigare. Tina ne sortait plus de sa cabine. J'essayais de ne pas trop croiser le regard de Titta. Le soleil brûlait. Le 8 août, nous sommes arrivés en rade d'Istanbul : quelle merveille ! Je me souviens qu'Ari m'a conduite à la proue du *Christina* et m'a détaillé tout ce qu'on voyait, avec ces jolis mots, la Corne d'or, le Bosphore, l'Asie, le marché flottant, la Mosquée bleue et cent autres choses encore. Et nous avons décidé ensuite de la façon dont nous allions nous retrouver. J'ai débarqué avec Titta et nos porteurs, nous ne nous disions pas un mot, c'était oppressant. Nous avons gagné l'aéroport, nous avons atterri à Milan, d'où une voiture nous a menés, dans le silence, à notre villa de Sirmione. Titta semblait brisé. Je n'osais rien dire ni faire aucun geste. J'étais en attente. Une semaine plus tard, le 17 août très exactement, Ari est arrivé dans une grande voiture sombre qui s'est arrêtée devant le perron. J'avais déjà préparé quelques valises avec l'essentiel : le chauffeur d'Ari est monté les chercher. Ari est descendu de sa voiture, l'air grave, Titta a essayé de protester, un peu, il a balbutié. Ari n'a pas tenté de raisonner ou de lui expliquer quoi que ce soit – d'ailleurs, qu'y avait-il à expliquer ? Il lui a murmuré simplement : « Je suis désolé. » Puis il est remonté, avec une souplesse de félin, je m'en souviens, à l'arrière de la voiture dans laquelle je venais de m'installer. Et nous avons filé sur la route, au bord du lac. Au moment de sortir du parc, instinctivement, je me suis retournée et j'ai vu Titta, là-bas, sur le perron : il semblait avoir cent ans. Ari m'a regardée, m'a embrassée, en posant sa main haut sur mon genou, sur ma cuisse.

C'est curieux comme je me souviens de tout avec une précision incroyable : ça fait pourtant près de vingt ans, dix-huit exactement… Et puis il y a eu la suite… Mais ce sera pour demain : après cela, j'ai vraiment besoin de me reposer. Un thé d'abord, pas de café après de telles émotions qui m'ont tant échauffée, un thé à la bergamote peut-être, quelques-uns de ces si fins gâteaux français aussi, des « langues de chat », j'adore ça. Et que vais-je écouter ? Tout cela était comme un opéra ! Peut-être ma *Somnambule*, pour l'air final, « Ah ! non credea mirarti », que j'aime tant. J'aime ce moment où Amina ressort les fleurs que lui avait données Elvino et se souvient du bonheur auquel elle a cru, de cet amour qui s'est enfui… Je me dis parfois que les opéras que je chante racontent ma vie – ou bien est-ce ma vie qui se noue à ces histoires ? J'ai aimé ou cru aimer passionnément Ari : m'a-t-il aimée ? Peut-être, à sa manière… Mais cette manière était-elle vraiment de l'amour ? Allez, va pour *La Somnambule*, la douce et tendre musique de Bellini, qui caresse la gorge et l'âme : il y avait sans doute en lui quelque chose de profondément douloureux, ou amoureux, ou poétique, pour pouvoir inventer une telle musique. Les états d'âme sont la matière première des créateurs, ils sont aussi ce qui permet aux interprètes de se transcender : je n'ai sans doute jamais chanté ce rôle aussi bien que quand je l'ai fait en 1955 pour Luchino : en sylphide flottante sous la lune, comme il m'avait rêvée, dans cette robe blanche de ballerine (mon tour de taille était de 52 centimètres !), avec des fleurs blanches dans les cheveux, j'avais l'impression de faire ressentir toute la mélancolie qui était en moi alors. Allez, pour ce soir, ma *Somnambule*, afin de rêver encore à mon Elvino…

10 septembre 1977

Les débuts de ma vie commune avec Ari ont été idylliques. Nous avons voyagé sur le *Christina*, nous nous sommes aimés, nous avons rencontré des dizaines, des centaines de ses nombreux amis, sur le bateau ou un peu partout en Europe, de Londres à Rome en passant par Paris, dans des soirées très gaies, où je buvais un peu trop de champagne, où nous dansions l'un contre l'autre comme des gamins : c'étaient des vacances de la vie. Mais, comme les vacances, tout cela n'a eu qu'un temps !

D'abord, il a bien fallu régler ma séparation avec Titta : je ne voulais plus m'appeler Maria Meneghini-Callas, cela eût été indécent, mais Callas tout simplement, la Callas ! Surtout, il y avait le problème de l'argent : j'en ai gagné beaucoup, Titta s'en est occupé, très bien, je dois le reconnaître, mais c'est moi qui ai chanté d'un bout à l'autre de la planète pour amasser tous ces millions ! J'avoue qu'il s'est montré à la hauteur : il m'a laissé mon cher appartement de la via Buonarotti à Milan et lui a gardé la villa de Sirmione, là où je l'avais quitté. Et il m'a permis de conserver tous mes bijoux. Quant au reste, les meubles, les tableaux, tout ce que nous avions entassé, le divorce en a réglé la répartition dans les moindres détails. Bien sûr je ne me prétends pas un ange, je suis une femme et une artiste sérieuse. Mais je ne suis pas le diable non plus ! Après avoir vécu longtemps avec un homme beaucoup plus vieux que moi, je commençais à me sentir moi-même vieillie, déprimée. Je prospérais, bien sûr, mais j'avais envie d'être heureuse : à 36 ans j'avais envie de vivre enfin, j'en avais le droit, comme n'importe quelle autre femme !...

De son côté, Ari a divorcé de Tina : nous étions tous les deux libres. J'ai cru alors qu'il allait m'épouser. D'autant qu'un jour, c'était en fin d'après-midi, lors d'une des nombreuses croisières sur le *Christina*, quand nous sommes passés devant l'île de Skorpios que je trouvais belle, si belle, sous le soleil qui l'éclairait d'une lumière rasante, Ari me l'a achetée, pour en faire « notre nid d'amour » m'a-t-il dit alors... Ai-je rêvé ? Je le voyais, ce mariage, ici, dans cette île, avec une robe comme celle que je portais pour *La Vestale* – oui, j'aurais été sa vestale, je me serais prosternée devant lui, j'aurais fait tout ce qu'il voulait : il m'a menée si loin quand nous étions tous les deux, me faisant découvrir des choses que je n'imaginais pas. Mais Ari m'a-t-il aimée, vraiment aimée ? Peut-être, sans doute même, mais assurément pas comme je l'ai aimé, moi ! Bien sûr, j'étais heureuse dans ses bras, j'étais heureuse à son bras, j'étais heureuse quand nous sommes allés tous les deux visiter le château du Jonchet en Eure-et-Loir où je rêvais que nous nous installions après notre mariage...

Mais Ari n'était pas aussi pressé, il voulait attendre que ses enfants aient un peu grandi. « De toute façon, me disait-il, nous sommes heureux ». Et moi, pauvre idiote, je l'écoutais, j'acquiesçais, je disais oui à tout ce qu'il voulait. Bien sûr il devait régulièrement sauter dans un avion pour aller régler quelque affaire à l'autre bout du monde et je me retrouvais souvent seule, sur le *Christina* ou ailleurs, à Paris surtout, dans cet appartement de l'avenue Foch que j'avais acheté après avoir vendu celui de Milan, ma chère résidence de la via Buonarotti que j'aimais tant – mais les affaires d'Ari ne passaient jamais par Milan. En fait, les trois villes où nous partagions notre temps – quand nous le partagions ! – étaient Paris, Londres et Monte-Carlo : c'est là que je suis devenue très amie de la chère Grace. Nous faisions des balades ou du shopping pendant que nos hommes, Ari et Rainier, faisaient des affaires. Je l'aime beaucoup, Grace : elle a six ans de moins que moi, mais nous nous entendons comme deux copines. Elle me téléphone régulièrement et m'invite à la rejoindre à Monaco – mais je n'ai plus envie… Elle a eu une drôle de vie qu'elle m'a racontée, son enfance à Philadelphie, le couvent des Dames de l'Assomption où elle a été élevée à la dure, et puis ses débuts au théâtre malgré l'opposition de ses parents, et sa rencontre avec Gary Cooper qui lui fait encore briller les yeux quand elle en parle : je me demande ce qu'il y a eu entre eux, elle n'en parle pas, elle est très pudique sur tout ce qu'elle a vécu là-bas… Elle m'a parlé de Clark Gable aussi, son sourire qu'elle n'a pas oublié, d'Ava Gardner avec qui elle a joué dans *Mogambo* et dont la liberté affichée l'a, je crois, impressionnée. Et puis bien sûr elle me parle souvent de Bing Crosby qu'elle a vraiment beaucoup aimé, de sa « voix de miel à donner des frissons », elle fredonne d'ailleurs souvent cette chanson qui l'a rendu si célèbre, *White Christmas*… Elle me raconte aussi – j'adore ça – ses tournages avec Hitchcock, elle l'imite et je me tords de rire quand elle refait sa grosse voix et sa démarche d'ours. Elle m'a aussi expliqué la façon dont il voulait qu'elle apparaisse, lui disait-il, comme « de la braise sous un sourire de glace », car il pensait que la sensualité n'est pas dans ce qu'on montre trop, mais dans ce qu'on ne montre pas et qui hante le corps. C'est comme à l'opéra : il faut que la voix dise les choses les plus intenses sans pour autant crier. Quand je chante « Dite alla giovine » dans *La Traviata*, je crie à la mort – et pourtant c'est sur un *fil di voce* que je dois chanter, *pianissimo*, presque comme un murmure pour moi-même. Elle m'a aussi raconté ce coup de foudre éprouvé pour elle par Rainier lors du festival de Cannes 1956 : au début, elle n'était pas renversée par lui, mais quand elle a compris qu'il était fou d'elle au point de l'épouser et d'en faire sa princesse, elle a été séduite. Et après un dernier film avec son cher Bing Crosby, elle a donc abandonné Hollywood et elle est arrivée en bateau à Monaco ; et là, bien sûr, son Rainier l'attendait, mais aussi, c'est incroyable, mon Ari qui, de son hydravion, a fait pleuvoir des centaines d'œillets rouges et blancs, les couleurs de Monaco, sur le bateau à l'avant duquel elle se trouvait ! Et elle est devenue princesse de Monaco, car Rainier l'a épousée, elle. Depuis, elle a eu trois enfants et elle est très heureuse à Monaco – même si, m'a-t-elle dit un soir, en chuchotant, la nostalgie des studios la saisit parfois quand elle se retrouve seule au Palais et qu'elle pleure dans son lit…

Moi aussi je me suis un peu éloignée de mes studios avec cette vie nouvelle ; j'ai moins chanté – juste quelques représentations pour entretenir la flamme, et parce qu'Ari le voulait. Pourtant, comme je l'ai vite compris, il n'était pas spécialement passionné par l'opéra. Mais je crois qu'il tenait à ce que je reste une star, peut-être parce qu'il imaginait que mon prestige rayonnait sur lui… Et il savait être là au bon moment, le 7 décembre 1960 par exemple, pour la première de *Poliuto* de Donizetti à la Scala, à l'issue de laquelle il a donné un souper somptueux qui recréait la magie de celui de Londres. Avec seize mille œillets qui embaumaient ! Comme je l'ai aimé ce soir-là !… Mais il a dû repartir trois jours après. Et je l'ai attendu de nouveau, comme une femme de marin, suspendue en fait à ce simple désir d'être aimée, d'être serrée dans les bras de cet homme que j'aimais… A-t-il jamais senti combien je l'aimais ?

C'est pour être sur son trajet que je me suis installée à Paris, entre Londres et Monte-Carlo, les deux villes où il partageait ses bureaux. Et bientôt, j'ai renoncé peu à peu à l'opéra, je n'avais plus envie de chanter, je voulais vivre, vivre, comme n'importe quelle femme. Je n'ai donné que cinq représentations en 1961, deux en 1962, et aucune en 1963… Mais quand Ari était là, que m'importait l'opéra, que m'importait tout ? J'étais une petite fille, j'étais prête à le faire rire, à l'écouter, à le regarder, à le laisser faire tout ce qu'il voulait de moi… Pourtant nous avons aussi connu des tensions, avec des cris, des invectives, des disputes moitié en anglais, moitié en grec. Mais nous les terminions toujours serrés l'un contre l'autre…

Durant ce temps où je ne faisais qu'attendre ses escales entre deux rendez-vous, mes amis ont fait des projets pour moi. Michel, par exemple – mon cher Michel Glotz, qui est à la fois mon agent et celui du maestro Karajan (il n'a pas peur des fortes têtes !) –, m'a fait rencontrer Janine Reiss, la femme la plus remarquable que j'aie rencontrée dans ce milieu, un grand professeur de rôle, bien sûr, mais une personnalité si chaleureuse, si ouverte, si riche de passion : grâce à elle, j'ai pu revisiter l'opéra français pour préparer mes deux disques. Elle m'a fait travailler dans son appartement de la rue de Courcelles, traquant sans relâche mes défauts de prononciation ou de style, avec une patience tenace, cherchant sans cesse la perfection, comme moi : cela a donné ces deux disques, *Callas à Paris,* dont je suis fière. Et j'y ai gagné une amitié simple et indéfectible avec Janine qui continue à me faire travailler. C'est d'ailleurs à la suite de cette rencontre que j'ai accepté, un peu plus tard, d'enregistrer cette *Carmen* qui a bluffé Ari, sous la direction de ce si beau chef français que j'aime tout particulièrement, Georges Prêtre. Je crois que c'est le seul opéra que connaissait Ari, et qu'il aimait : sans doute ce sens flamboyant du combat viril que possède Carmen lui parlait-il…

Heureusement, il y avait les croisières sur le *Christina.* Je m'y retrouvais comme la première fois, lors de la révélation de notre amour. Il y avait toujours des amis à bord, les Grimaldi souvent, Rainier et Grace, les Agnelli aussi, ou Greta Garbo, un peu mystérieuse et distante. J'aimais sillonner la mer sur ce bateau de rêve, les cheveux défaits, en maillot de bain, au bord de la piscine ou sur le pont avant. Je me reposais : c'est ce que m'avaient conseillé les médecins, à cause de mes troubles circulatoires et de ma tension trop basse. De temps en temps je pratiquais quelques exercices pour vérifier que ma voix était toujours là, en dépit de ces douleurs dans les sinus quand je produisais certains sons aigus. Je lisais aussi, des romans, moi qui n'en n'avais jamais lu… Quand Ari était là, j'étais toujours avec lui, prête à tout pour lui plaire : j'ai même porté des verres de contact qui m'ont fait souffrir parce qu'il n'aimait pas mes lunettes ! Grâce à lui, je me réconciliais avec plusieurs personnes dont je me demande si ce n'est pas Titta qui les avait éloignées de moi : Ghiringhelli, le directeur de la Scala, Rudolf Bing, celui du Met, ou même Renata, ma prétendue rivale. Et quand je me blottissais contre lui, le soir, contre sa large poitrine chaude, je me sentais une jeune fille… De temps en temps, nous parlions d'avenir, j'évoquais notre mariage, je lui disais que j'aimerais un enfant de lui, il me regardait avec un sourire, me serrait un peu plus fort, m'embrassait, ne répondait pas et me faisait tournoyer de plaisir...

Bien sûr, Ari y tenait, j'allais encore chanter ici et là, des récitals surtout, parce que ça n'immobilise pas autant qu'un opéra, avec ses semaines de répétition. Et quelques grandes émotions pour moi, *Norma* dans l'immense théâtre antique d'Épidaure, son demi-cercle de gradins couché face à la mer, cette soirée pour une fondation grecque à laquelle j'ai fait don de mon cachet ; mon père était là, dans un smoking blanc : on nous a pris en photo ensemble. *Médée* aussi, encore dans ce théâtre d'Épidaure où j'avais le sentiment de retrouver mes racines. Tout cela me faisait oublier la lie, ce procès que Titta, soudain, a voulu m'intenter alors qu'il s'était d'abord montré digne, ou, pire encore, cette saleté de livre que ma mère a publié pour me traîner dans la boue : quel dégoût !

Et puis il y a eu cette croisière si triste pour moi : Ari avait invité à bord la belle princesse Radziwill, la sœur de Jackie Kennedy. J'avais beau papoter avec ma chère Grace, qui était du voyage avec son Rainier, je voyais bien, du coin de l'œil, qu'Ari ne pouvait s'empêcher de faire le beau, de séduire encore et encore, et je le trouvais bien empressé auprès de cette princesse Radziwill. C'est durant cette croisière, au bord de la piscine pour un dernier cocktail sous la lune bleu pâle, que, par l'intermédiaire de Lee Radziwill, il a lancé une invitation à sa sœur, Jackie Kennedy. Si j'avais pu pressentir alors… J'ai compris ce soir-là qu'Ari était avant tout fasciné par l'image, le brillant, le pouvoir. J'étais excédée. En rentrant dans notre cabine, je lui ai craché : « Tu n'es qu'un parvenu ! — Et toi une calamité publique ! » a-t-il répliqué. Je me suis mordu les lèvres, il est sorti sur le pont pour fumer un cigare. Quand il s'est couché, je me suis serrée contre lui, mais il m'a aimée sans joie cette fois. Finalement, j'ai refusé de participer à la croisière avec Jackie Kennedy : je ne savais pas alors… Je suis restée à Paris, j'ai travaillé avec Janine. Et seule. Quelques semaines plus tard, des magazines, que Bruna avait tout fait pour me cacher, me griffèrent les yeux chez Alexandre, mon coiffeur : ils montraient Ari et Jackie Kennedy côte à côte dans les ruines d'Éphèse. Je me suis sentie pâlir, trembler, j'ai demandé un café très fort… Aucun geste équivoque entre eux sur ces photos, mais, pour une femme, c'était terriblement éclatant. D'ailleurs les photographes ne s'y étaient pas trompés…

Quand je suis rentrée à Paris, mes amis se sont inquiétés de ma « mauvaise mine ». Michel a une nouvelle fois voulu me proposer mille et mille choses, une *Traviata* à l'Opéra de

Paris ou à Moscou ou à Londres, un *Trouvère* mis en scène par mon Luchino : j'ai rêvé, on a parlé, imaginé, projeté, échafaudé, et puis j'ai pensé que ce n'était pas une bonne idée. Ari était revenu implorer mon pardon... Et il l'avait obtenu sans peine. En fait, je ne suis pas aussi forte qu'on le dit, je suis même tout le contraire de ce qu'on pense de moi. Je suis très vulnérable psychologiquement. Je ne peux soutenir des batailles dans ces conditions : elles seraient perdues d'avance. Ari m'a promis une nouvelle croisière au printemps pour laquelle je pourrais choisir toute seule les invités. Et il a été si tendre, si généreux, que j'ai fondu dans ses bras. Nous avons passé quelques belles semaines et j'ai cru de nouveau au bonheur. En cet hiver 1963, celui de mes 40 ans, je me suis lancée d'arrache-pied dans une nouvelle *Tosca* mise en scène par mon cher Franco Zeffirelli à Covent Garden – ce fut un triomphe. Partout, on a écrit que j'étais toujours la reine. J'étais fière, pour moi bien sûr, mais aussi pour la flamme dans les yeux d'Ari quand il entendait les acclamations ou qu'il lisait les compliments dans les journaux : Ari aimait que je brille !

Nous nous sommes retrouvés à Skorpios, l'île du paradis, au milieu de cette mer Ionienne qui nous rapprochait. Nous nous parlions de nouveau en grec, j'avais oublié tout ce qui n'était pas Ari, j'étais amoureuse.

Je voudrais m'arrêter là, dans cette île que nous n'aurions jamais dû quitter : peut-être Ari serait-il encore près de moi… Nous ne nous serions plus souciés de rien d'autre que de nous. Il avait assez d'argent pour arrêter. Et moi aussi. Pourquoi fallait-il se jeter de nouveau dans ce chaudron de feu qui allait nous brûler, nous consumer ? Je regretterai toujours de ne pas avoir réussi à convaincre Ari de laisser le monde continuer à tourner sans que nous nous prenions dans ses rayons. Je me souviens d'un soir où nous étions dans deux transats, côte à côte : j'avais fait venir mon enregistrement de *Carmen* et je lui en avais fait écouter quelques-uns des passages dont j'étais particulièrement fière. Je crois qu'il était heureux, rasséréné, le ciel était plein d'une douceur d'amour. Je lui ai pris la main : le bonheur n'avait pas besoin de mots.

Bruna, maintenant il me faut du thé à la bergamote, une grande théière. Rien d'autre. Et *Carmen*, mais pas trop fort, tout en douceur. Plus bas encore, plus bas…

11 septembre 1977

J'AI dormi comme une petite fille – que je ne suis pas. Hier soir, cette *Carmen*, comme écoutée de très loin, m'a emportée, m'a remuée, m'a restitué ces moments magiques avec Ari. Pourquoi ai-je sacrifié une partie de mon art pour cet homme ? Il y aura toujours cette interrogation, aujourd'hui encore, alors qu'il est parti… C'est vrai qu'avec lui, j'ai abandonné peu à peu la scène, comme si j'avais perdu le ressort. Pourtant j'ai tant donné à l'opéra, j'ai tant aimé chanter, incarner des personnages, m'aveugler aux lumières du plateau, traverser le mur de l'orchestre de mes aigus projetés comme des lances, et entendre la houle de bonheur qui monte d'une salle, ces cris de joie qui vous recouvrent comme une pluie chaude. J'ai aimé cela, oui. Mais durant ces années avec Ari, j'ai laissé un peu de moi me quitter, je ne sais pas pourquoi.

Donc après ces belles journées à Skorpios, nous sommes rentrés à Paris. Ari a recommencé à courir le monde, à passer d'aéroport en aéroport, à brasser des millions de dollars. Moi je suis entrée en répétitions pour *Norma* à l'Opéra de Paris : je me sentais lasse, mon médecin me déconseillait de faire cette série de représentations, mais je ne pouvais encore une fois me permettre une annulation qui eût déclenché la tempête. Et puis, j'aime le public français et j'aime tellement ce rôle de Norma, peut-être de tous mes rôles celui que je préfère.

Moi qui vis à présent dans cette belle ville, je suis venue bien tardivement à l'Opéra de Paris, fin 1958, pour le gala des œuvres de la Légion d'honneur dont j'étais la vedette (et auxquelles j'ai fait don de mon cachet). Il y avait un président de la République, celui de la France bien sûr ; décidément, 1958, c'est mon année présidents de la République ! Mais avec ce monsieur qui s'appelait René Coty, ça s'est beaucoup mieux passé qu'à Rome. Je m'en souviens parce que c'était le nom d'un parfum qu'un admirateur anglais m'avait offert, *Chypre* de François Coty, un ancien parfum qui lui semblait, m'avait-il dit, du même esprit que ma voix.

La télévision était là, la radio aussi puisque le concert était diffusé en direct dans toute l'Europe : j'ai chanté le « Casta Diva » de *Norma*, l'air de Rosine du *Barbier de Séville*, deux airs du *Trouvère* et tout le deuxième acte de *Tosca*, avec mon cher Tito Gobbi et un jeune ténor australien qui n'osait pas me toucher, Albert Lance. Cet acte a d'ailleurs été filmé par la télévision, mais je ne sais pas ce qu'il est devenu : j'avais essayé d'y jeter tous mes feux, jouant de toutes les couleurs de ma voix bien sûr, de mon souffle, mais aussi de mes bras, de mes gestes, de mes regards, puisqu'on allait les voir de près grâce à ces gros hannetons dont l'œil me visait comme des canons. Je voulais en profiter pour montrer à tous ceux qui me verraient que l'opéra est *aussi* du théâtre et que l'on ne peut vraiment incarner les personnages qu'en les chantant avec tout le corps, porté par le sentiment d'être une torche brûlante !... Quelle ovation à la fin, je m'en souviens encore.

Ensuite il y a eu un dîner somptueux dans le Grand Foyer, qui est sans doute le plus beau foyer de tous les opéras du monde : on m'a présenté des centaines de gens, je me souviens de Francis Lopez, très drôle, de Michèle Morgan – ah ! ses yeux ! –, de la bégum, de la fameuse Brigitte Bardot, dont on dit qu'elle est la plus belle femme du monde mais dont la voix sonnait pour moi désagréablement, d'une chanteuse au charme envoûtant, Juliette Gréco... Qui encore ? Ah ! oui, bien sûr, ma consœur Elisabeth Schwarzkopf, Charlie Chaplin et son œil bleu de séducteur, tout comme celui de Gérard Philipe ou de ce grand Yves Montand qui m'a fixée avec un je-ne-sais-quoi d'insolent ou peut-être de… Non, je m'égare… Mais il y en avait tant ! Une soirée vraiment exceptionnelle, avec du caviar bien sûr et du foie gras et tout ça, et même une salade d'asperges « Casta Diva ». Je crois que je n'ai jamais reçu autant de compliments, de baisemains : quand je suis rentrée me coucher à une heure avancée, j'avais le sentiment d'être une reine.

C'est peut-être ce soir-là que je me suis dit que je pourrais me fixer à Paris : l'année suivante, j'y suis revenue pour fêter mon dixième anniversaire de mariage chez Maxim's. Je ne savais pas alors que notre couple n'en avait plus que pour quelques semaines… C'est à Paris que je me suis forgé trois belles amitiés, celle de Georges, mon cher Georges Prêtre, qui a été mon chef préféré durant toutes ces dernières années ; celle de Michel Glotz, mon impresario exclusif ; et celle de Janine, mon exquise Janine Reiss, avec laquelle j'ai tant appris des arcanes et des subtilités du chant français – pour enregistrer un disque d'airs opéra français dirigé par Georges et produit par Michel ! Ce sont eux d'ailleurs, Georges et Michel, qui m'ont convaincue de revenir donner un récital en juin 1963 : il y en avait encore, des stars, pour m'applaudir ! Maurice Chevalier et sa drôle de voix ou cette Romy Schneider, si jeune, si belle et dont tout le monde parlait déjà à cause de *Sissi*. Je crois qu'elle avait déjà tourné un film avec Luchino. Mais pour ce gala, elle était seule, sans Alain Delon…

L'année suivante, je suis revenue à l'Opéra de Paris, mais cette fois pour un opéra en entier, ma chère *Norma*, mise en scène par mon si beau Franco Zeffirelli qui, lui aussi, préfère les garçons… Je portais une robe blanche éblouissante, et à la fin de mon « Casta Diva » le public m'a fait un triomphe incroyable, avec des hurlements de bonheur, j'en étais toute chavirée. J'ai donc aussitôt accepté de revenir l'année suivante, pour *Tosca* cette fois, avec Tito en Scarpia, un Tito Gobbi des grands soirs : je me souviens, à la première, de ce deuxième acte, il me faisait peur avec ces sons noirs, ce regard de fou, j'y répondais avec des cris rauques lors de notre face-à-face. C'était éprouvant, mais c'était du vrai théâtre. Le public parisien ne voulait plus me lâcher, le public parisien me voulait encore et le public parisien m'a retrouvée encore une fois, en ce mois de mai 1965, quand nous revenions de Skorpios, pour ces quelques *Norma*.

Mais j'étais fatiguée, à bout de forces presque, parce que, avant la parenthèse heureuse de Skorpios, il y avait eu toutes ces soirées où je suivais Ari de cocktail en cocktail, de dîner en dîner, avec trop d'alcool, trop de fumée, pas assez de sommeil… Il y avait eu aussi ces *Tosca* à New York, dans la mise en scène de Franco et avec l'autre Franco, mon cher Corelli, et en Scarpia toujours le terrible Tito Gobbi. À la première, le tout-New York était dans la salle, notamment la veuve du président, Jacqueline Kennedy…

Pourtant je ne pouvais me dérober à cet amour des Parisiens et donc, en mai, bravement, je me suis retrouvée dans ce magnifique Palais Garnier pour répéter ma Norma. J'y suis allée à l'énergie. Georges me dirigeait avec des attentions de chat, mes partenaires étaient gentils, la jeune Giulietta Simionato en particulier, l'Adalgisa des premières représentations, qui m'apportait du thé chaud en coulisses. Mais Ari n'était pas à Paris… Tout s'est bien passé d'abord, j'ai tenu les premières représentations, à vrai dire avec quelques piqûres de coramine. Mais pour la dernière, ça a été terrible. J'ai chanté le premier acte comme en apesanteur, je suis revenue, hagarde, pour le deuxième acte. J'ai terminé le troisième acte dans une sorte de brouillard, avec cette horrible Cossotto qui chantait cette fois Adalgisa sans me ménager, pire encore en se déchaînant dans le duo comme pour me faire craquer. Je me suis écroulée en coulisse : je ne pouvais pas aller plus loin. On m'a fait une piqûre, mais plus question de chanter, j'étais au bout de moi-même, je ne pouvais pas faire le dernier acte, c'était une question de survie. On m'a ramenée chez moi, je ne sais même plus comment. Je me suis effondrée sur mon lit, j'ai dormi, j'ai pleuré, j'aurais voulu mourir. J'étais seule. Affreusement seule. Ari n'est revenu que quelques jours après... Depuis cette soirée du 29 mai 1965 – la date est gravée dans ma mémoire –, je n'ai jamais remis les pieds sur la scène de l'Opéra de Paris. Ça fait douze ans déjà. Y retournerai-je un jour ?

Je me suis parfois demandé si tout aurait été différent si Ari avait été là. Depuis combien de temps étions-nous ensemble alors ? Six ans. Ce n'était pas beaucoup. Et pourtant il s'était passé tant de choses durant ces années. Où était-il en mai 1965 quand je sentais ma voix s'arracher de moi, quand je sentais ma vie me quitter ? Pourquoi n'était-il pas là ? Il n'était pas encore avec l'autre, pourtant ! En fait, je crois qu'il ne s'est jamais vraiment préoccupé de moi, de ce que je suis vraiment, de ce qu'il y a au fond de moi, de ma fragilité, de mes secrets enfouis, de mes déchirures, de mes douleurs : n'est-ce pas cela l'amour, être à l'écoute de l'autre ? Mais peut-être me suis-je illusionnée moi-même, peut-être n'a-t-il jamais éprouvé pour moi ce que j'appelle de l'amour ? Peut-être m'a-t-il seulement désirée – oh ! ça oui, il a aimé mon corps, il me l'a montré, il me l'a prouvé, il m'a révélé l'existence de sensations dont je n'avais pas même l'idée !

Et puis il a aimé mon éclat, c'est-à-dire le fait que je sois une diva, une femme qu'on applaudit, qu'on adore comme une déesse, une femme qui répand de la lumière autour d'elle – oui, ça, il en était fier, comme si ma célébrité rejaillissait sur lui. Mais la femme, celle de l'intimité, celle des tête-à-tête, celle des heures passées à la maison, des petits déjeuners partagés, celle du silence, des regards tendres, des mains serrées sous les draps, je crois bien qu'elle ne lui est pas apparue, ou qu'elle ne l'intéressait pas. Alors que moi, au contraire, ce sont ces instants que j'attendais, que j'espérais !... De toute façon, les éblouissements du début ont vite laissé place à une routine mondaine, les grands dîners, les croisières sur le *Christina*, les rendez-vous hâtifs... Bien sûr demeurait notre langue, le grec, ce qui nous isolait au milieu de ce monde souvent si vain que nous devions côtoyer. Et puis aussi ce plaisir partagé chaque fois qu'il le pouvait, cette avidité brutale qu'il avait de mon corps, qui me faisait du mal et qui me faisait du bien : je n'en ai évidemment jamais parlé à personne, comment aurais-je pu ? Mais durant ces neuf années de vie « partagée », je n'ai en fait connu qu'un bonheur relatif, avec beaucoup d'humiliations aussi, rien qui aurait pu se transformer en amitié parce que nos rencontres étaient trop intenses pour cela, trop « à fleur de peau » comme disent les Français, et l'expression est tout à fait juste. Humiliée, oui, je l'ai été, quelle douleur !... Alors, évidemment, le christianisme dit (j'ai lu ça dans des livres) : « Vous devez pardonner, vous ne devez pas avoir de ressentiment. » Je n'ai peut-être pas de ressentiment, mais je souffre. Je me souviens de cet air dans le *Don Carlo* de Verdi, que j'ai chanté une seule fois, à la Scala en 1954... *Tu che la vanita*, oui, cette malheureuse reine, Elisabetta, c'est cela : « Toi qui connais la vanité du monde... »

Beaucoup de mélancolie ce soir : le souvenir d'Ari sans doute, et celui de ma voix des jours heureux, des temps de ma splendeur. Pourrai-je un jour remonter sur une scène, à Paris ou ailleurs, pour chanter, ne serait-ce qu'une seule fois, un de ces opéras qui ont hanté ma vie : *La Traviata* ? *Tosca* ? *Médée* ? Ou plutôt celui que je préfère à tous, *Norma* ? Entrer encore une fois sous la pâle clarté d'un projecteur bleu qui répand une lumière de lune, avancer lentement dans ma robe immaculée, avec dans les cheveux un diadème en feuilles de verveine, la faucille d'or à la main, lancer ce cri initial, *Sediziose voci* ! qui ouvre le récitatif destiné à dompter ce peuple sauvage, puis attendre les arpèges des cordes, le chant éperdu de la flûte, et entrer noblement, « Casta Diva », cette souplesse, cette qualité argentine de la voix...

Est-elle vraiment visionnaire ou philosophe quand elle annonce que l'Empire romain se détruira lui-même ? J'en doute. C'est d'abord une femme follement amoureuse et prête à n'importe quoi pour gagner du temps et sauver l'homme qu'elle aime et ses enfants. Quelle force de caractère alors lui faut-il pour contenir ces hordes ! J'aime en même temps sa noblesse et sa fragilité qui lui fait choisir la mort pour résoudre ses contradictions. Et tout cela doit être perceptible dès « Casta Diva ». Quand j'étais jeune, j'ai plusieurs fois écouté à la radio la grande Rosa Ponselle, cette séduction infaillible du timbre, et cette conduite de la ligne : elle m'a beaucoup inspirée. Comme ces phrases de deux de mes illustres devancières à propos de ce rôle des rôles : Giuditta Pasta, *la* Pasta comme on disait alors (mais aujourd'hui, on dit bien *la* Callas !), parlait de « l'ivresse de l'oiseau » qu'elle ressentait en chantant « Casta Diva » ; et Lilli Lehmann disait que « *Norma* doit être chantée et jouée avec fanatisme ». Belle phrase. Juste phrase. C'est la même Lilli Lehmann qui a dit aussi un jour – m'a rapporté mon cher Jacques Bourgeois, ce musicologue si charmant à la voix de flûte et aux yeux bleus enchanteurs : « Il est plus facile de chanter les trois Brünnhilde que le rôle de Norma une seule fois ». Oui, ma chère Norma, je l'ai aimée, je l'aime encore tant, c'est sans doute le rôle que j'ai le plus chanté, de 1948 à 1965, cette dernière fois à l'Opéra de Paris, peut-être près de cent fois !...

J'aime ce rôle pour le chant bien sûr, ces longs phrasés qu'il faut rendre flexibles comme des algues, ces ports de voix qui doivent se déployer comme des ports de bras, mais je l'aime aussi pour le destin de cette femme, à la fois attendrissable et véhémente, élégie et torche, prêtresse et victime : je m'y reconnais, prêtresse de l'opéra, du bel canto, et victime de mon Pollione, mon guerrier volage, mon Ari. Rechanterai-je un jour ma chère *Norma* ? Je ne crois pas. Tout est si loin à présent. Ma voix le pourrait peut-être, en tout cas les trois premiers actes, mais je crois bien que je n'aurais plus l'énergie, cette force pour aller jusqu'au bout de cette douleur que porte le rôle, cette immolation de soi. J'entends quelques jeunes qui le chantent aujourd'hui, ce rôle écrit pour moi : Joan Sutherland par exemple, qui a été mon Adalgisa à Covent Garden en 1953 ; mais si elle a la virtuosité, il lui manque la ligne et le mystère. Il y a aussi cette jeune Espagnole, Montserrat Caballé : elle possède, elle, cette ligne, cette lumière de lune qui est le tissu du rôle, mais il lui manque la détermination, la fureur intérieure qui conduit au dernier acte. Pourtant c'est une Espagnole : c'est important. J'ai eu la chance de travailler avec une Espagnole, Elvira de Hidalgo. Et Maria Malibran était la fille d'un ténor espagnol, Manuel García. Mais cette école du bel canto n'existe plus. Il y faut beaucoup de travail, une façon spéciale de respirer, pas seulement des notes aiguës, mais aussi le phrasé, tout ce qui fait la musique au-delà de la voix, le *legato*… Pourtant, *Norma* : quel rêve ! Le pourrais-je encore ? Non, j'ai 53 ans, je crois que c'est trop tard pour moi, tout est trop tard. Je ne suis plus rien, plus bonne à rien. Depuis quand n'ai-je pas chanté, vraiment chanté, sur une scène, devant un public ? Depuis cette tournée, il y a trois ans… Ce n'est pas vraiment un bon souvenir… J'aurais pu demander aux cartes : j'ai un jeu de tarots divinatoires, le Grand Jeu de Madame Lenormand, je le consulte souvent. Pas tellement ces derniers temps…

Décidément, je ne ressens que de l'amertume aujourd'hui. J'ai toujours voulu beaucoup. Je voulais que ma voix obéisse, mais il semble que je voulais trop… L'organe vocal est ingrat et ne vous rend pas tout. Car j'ai donné, donné… Et j'ai tellement travaillé ! Avec moi, ce n'était pas comme Descartes « je pense donc je suis », c'était : je travaille donc je suis. Pourquoi donc, ce soir, suis-je dans ce ressassement amer ? Alors que, si je regarde mes photos en Norma par exemple, j'y suis belle, j'y suis comme je veux être. J'ai toujours voulu le mieux en tout ! Je voulais que mon homme soit le meilleur de tous, que mon art soit le premier et meilleur que tout, que même ce que je porte sur moi soit mieux que tout. J'ai voulu avoir tout. Et je ne suis plus qu'une pauvre femme enfermée dans ses rêves et les souvenirs de ses rêves, ici, dans mon grand appartement vide, avec simplement mes fidèles Ferrucio et Bruna qui ne disent rien. Mais j'ai aimé et j'ai été aimée, j'ai crié, j'ai hurlé, j'ai été adorée et j'ai été haïe, j'ai chanté à en mourir, j'ai été belle, on m'a dit la plus belle de toutes les plus belles, on m'a dit folle aussi, on m'a jetée aux chiens, j'ai retourné la vie du seul soc de ma rage, mais aujourd'hui voilà, j'ai cent ans, j'ai mille ans, je crie au fond de moi silencieusement, je suis seule. Je n'ai plus de couleurs et je n'ai plus de larmes, je n'ai même plus de cris pour enflammer ma bouche, je n'ai plus de colère, je n'ai plus que la peur… Mais pourquoi m'énerver ? Je vais appeler Bruna, ma chère Bruna, elle m'apportera du thé, et du café bien fort, et des gâteaux qu'elle aura cuits elle-même, et ma coramine bien sûr. Elle va me mettre ma *Norma*, que personne n'a chantée comme moi. Et je vais m'écouter.

12 septembre 1977

Ma *Norma* hier soir : on n'a jamais fait mieux !... C'était l'enregistrement de 1955, à la Scala, avec la chère Giulietta Simionato : je me souviens de notre « Mira o Norma », tout au bord du désespoir. Et Mario del Monaco, plus concentré qu'à son habitude. En fait, ce sont ces enregistrements sur le vif qui racontent mieux que tout discours cette énergie de la scène, cette force électrique qu'on y projette, cet engagement de la voix et du corps. Bien sûr, le son n'est pas aussi bon que dans les enregistrements en studio, mais la vérité y est plus grande !

Je me suis égarée dans mes souvenirs. À cause d'Ari : il m'obsède tant, aujourd'hui encore. Après cette dernière *Norma* à Paris, j'ai dû de nouveau consulter pour mes sinus qui me faisaient terriblement souffrir, comme si on y projetait du feu quand je chantais. Ou des aiguilles. Je crois que ces problèmes ont commencé au printemps 1962, quand j'ai chanté

Médée à la Scala : j'avais alors l'impression que ma tête se déchirait affreusement depuis le fond de ma gorge jusqu'à l'arcade sourcilière, c'était horrible. Il a fallu m'opérer en urgence cette fois. Mais, depuis, toutes ces douleurs semblent tapies dans mon crâne, prêtes à revenir me tourmenter. Comme si mon amour en train de se déchirer rongeait peu à peu mon pauvre corps si vulnérable. Car, dès 1962, j'ai eu l'impression qu'Ari n'était plus aussi *présent* avec moi, pas seulement présent en durée – je comprenais bien que ses activités l'entraînassent sans cesse aux quatre coins du monde –, mais présent à moi, attentif, aimant, comme au début. Mon corps se dérobait : on m'a même opérée d'une hernie fin 1962, au moment où paraissaient des photos d'Ari avec cette Lee Radziwill, une soi-disant princesse, une aventurière plutôt, qui essayait, je ne sais trop pourquoi, d'embobiner Ari, tellement faible, comme tous les hommes. Je me suis reposée alors : de toute façon, ma voix ne répondait plus…

Ari est revenu après ses frasques. Il a été gentil, il m'a couverte de bijoux, il m'a emmenée dîner dans des endroits magiques, j'ai cru de nouveau à cet amour qu'il me jurait et j'ai accepté de répondre à la demande obstinée de David Webster, le directeur du Covent Garden de Londres : j'ai signé pour une série de *Tosca*.

C'est Franco Zeffirelli qui devait réaliser la mise en scène, cela me mettait en confiance, et il avait demandé à Renzo Mongiardino un décor dont je me souviens encore avec émotion tant il était à la fois beau et sans surcharge : j'arrivais en robe rouge, des fleurs des champs à la main, pour retrouver Mario, tout était simple, évident. Et ma voix était là, bien là, retrouvée. Et il y avait en Scarpia mon cher, mon terrible Tito Gobbi ; quelle tension dans ce deuxième acte, quel affrontement, quelle folie ! Je me souviens que, pour la scène cruciale où Tosca a accepté l'odieux marché que lui impose Scarpia, son corps contre la liberté de Mario, Franco m'a dirigée avec une telle subtilité de chaque geste ! Appuyée à la table comme pour ne pas tomber, je devais reposer doucement derrière moi le verre d'eau que je tenais et, en le reposant, je devais « sentir », expliquait-il, le couteau qui s'y trouvait, mes doigts devaient s'immobiliser, comme si, d'un coup, je trouvais la sortie de cette prison dans laquelle je m'étais laissé enfermer. Et, alors que Scarpia, tout sourire, arrivait pour me prendre, ma main devait brutalement se saisir de ce couteau et le planter dans le ventre de Scarpia : « Questo il bacio di Tosca ! » Oui, ce « baiser de Tosca » me tirait un cri depuis le fond de la poitrine, depuis le ventre, un cri où je mêlais sans doute d'autres ressentiments – mais cela, c'est autre chose, ce sont mes secrets.

Quel triomphe alors ! Toute la salle debout ! Et l'on dit que les Anglais ne sont pas démonstratifs ! Je me suis sentie revivre après ces mois de gris et de pleurs, cette impression d'abandon : non, Ari m'aimait toujours, il était revenu pour me le dire, il me soutenait, il me voulait brillante, je brillais. C'est d'ailleurs en revenant de Londres que j'ai enregistré cette *Carmen* : l'aurais-je fait si ce n'avait été pour lui ? Ce seul opéra qu'il aimait vraiment... Bien sûr, il y avait aussi la gentille obstination de mon cher, de mon beau Georges Prêtre, et celle de Michel Glotz. Quoi qu'il en soit, je l'ai fait – et j'ai bien fait !

Après ces terribles *Norma* de mai 1965 à Paris, et cette dernière inachevée, je suis partie sur le *Christina* pour me reposer avec Ari. Je savais que j'avais encore une série de *Tosca* à Londres, la reprise du spectacle de l'année précédente, avec les mêmes partenaires, dont mon cher Tito Gobbi. Et Georges, mon Georges Prêtre, pour me diriger toujours aussi amoureusement... Le mot m'est venu comme ça... Mais, c'est vrai, il y a eu des rumeurs sur mes rapports avec Georges : les chiens ! J'aimais et j'aime toujours beaucoup Georges, mais je n'ai jamais transgressé cette tendre amitié qui nous a liés : on ne comprend donc pas que j'ai été follement amoureuse d'Ari et que rien ni personne ne pouvait m'en détourner ? Je l'avais « dans la peau », comme disent les Françaises : quelle jolie – et juste – expression ! Nous sommes comme cela, nous autres femmes, quand nous aimons, nous sommes absolues, parce que nous aimons absolument.

Mais, après ces terribles *Norma* de Paris, Georges précisément, puisqu'il les avait dirigées, savait à quel point j'étais à bout de force, à bout de nerfs, à bout de ressort, à bout de tout. Ma tension était très basse, je me forçais à manger, mais sans plaisir – et pourtant Dieu sait à quel point la cuisine était savoureuse sur le *Christina* ! Deux jours avant le départ prévu pour Londres, mon médecin m'a dit que ce voyage était une folie. Que faire ? J'avais accepté ces quatre *Tosca* à Covent Garden, elles avaient bien sûr toutes été vendues dès l'ouverture de la location, mes partenaires m'attendaient, avec Georges. Nous nous sommes téléphoné plusieurs fois pour essayer de trouver une solution ; finalement, j'ai accepté de venir, mais pour une seule des quatre représentations prévues, la dernière. Bien sûr, ça a encore déclenché un scandale : bien d'autres artistes ont des malaises et doivent annuler, ce n'est pas heureux, mais ce n'est pas un drame. Mais quand il s'agit de Callas, c'est un scandale : pourquoi la presse m'en veut-elle à ce point ? J'ai fait ce qu'il fallait pourtant, j'ai chanté, je suis allée jusqu'au bout, puis je suis rentrée au Savoy et j'ai longuement pleuré. J'ai senti que tout m'abandonnait, que tout partait, que je n'étais plus moi… Car je suis plus fragile que j'en ai l'air. Et peut-être me rendais-je compte alors que ce n'était pas ma voix qui était malade, c'étaient mes nerfs. Sans doute que si Ari, alors, m'avait épousée comme il l'avait promis, tout aurait pu se reconstruire. Mais, c'est étrange, nous vivions de beaux moments, je me voulais son esclave afin que plus jamais il ne me laisse pour je ne sais qui, et pourtant il semblait vouloir toujours plus de moi, il souhaitait peut-être que je continue à briller pour qu'il puisse montrer que ce soleil lui appartenait… Et en même temps il me voulait docile certains soirs, tout entière à lui, à sa disposition… Nous avons passé de beaux moments alors, avec des rires, des soirées follement drôles, nous avons dansé, mangé, bu, rencontré tant de gens. Je ne lui parlais plus de mon projet, de mon désir : je m'étais persuadée qu'il ne voudrait plus jamais se remarier et que, de toute façon, nous étions bien ainsi. Nous avons même essayé de faire des affaires ensemble pour trouver un autre lien entre nous. Peut-être avions-nous trop d'argent…

Alors, durant tous ces mois qui se sont dégagés devant moi après cette dernière *Tosca* à Londres, j'ai un peu tourné en rond, j'ai continué à travailler ma voix, bien sûr : je n'allais pas m'arrêter ainsi, à 41 ans ! Pourtant, ça fait douze ans et je ne suis toujours pas remontée sur une scène pour y chanter un opéra en entier ! J'ai eu des propositions, j'ai hésité, j'hésite encore… Surtout, j'ai attendu les escales qu'Ari a bien voulu m'accorder entre deux croisières, deux affaires et, sans doute, deux aventures… Car je savais bien que mon Minotaure n'était pas insensible à telle ou telle, à la jeunesse peut-être – j'avais dépassé 40 ans… Pourtant nous passions encore de bien beaux moments quand il venait me retrouver. Nous parlions de mille projets, dont celui d'un film de notre ami Zeffirelli sur *Tosca,* qu'il était prêt à produire pour moi. Mais cela ne s'est pas fait car le maestro Karajan avait déjà acquis les droits.

Un jour de 1966, il est arrivé de Londres l'œil gourmand : je croyais qu'il avait des désirs particuliers, mais il m'a guidée jusqu'à sa belle voiture noire. Nous avons quitté l'avenue Foch, roulé vers la place du Trocadéro, puis remonté une des avenues qui y mènent, l'avenue Georges-Mandel, jusqu'à ce que la voiture s'arrête devant le 36 : « Voici ton nouvel appartement, au troisième étage : tu y seras plus au calme qu'avenue Foch. » C'était son cadeau du jour ! J'étais heureuse. Le soir, nous sommes allés dîner dans un restaurant près de l'Étoile : j'étais une jeune fille, avec de l'or dans les yeux, Ari souriait comme un prince. Il est reparti une semaine plus tard. J'ai passé alors beaucoup de temps à aménager cet appartement, les meubles, les tableaux, les tapis, les bibelots, la vaisselle, le piano aussi bien sûr. Ferrucio et Bruna se sont dépensés sans compter, comme toujours. Quand Ari est revenu, trois semaines plus tard, c'était presque prêt ; la fois suivante, ça l'était complètement. Je voulais attendre son assentiment pour y recevoir mes premiers amis : Georges y est venu très vite, et Franco, et Michel, nous avons imaginé mille projets. Ari a souvent été de la partie, pas toujours.

Je me suis alors mis dans la tête de me lancer dans Mozart et j'ai dit à Ari que je souhaitais partir sur le *Christina* avec lui pour y travailler *Les Noces de Figaro* ; j'avais envie de chanter la Comtesse... Quand j'y pense aujourd'hui – ça ne m'avait pas effleurée alors bien sûr –, quelle étrange coïncidence ; car c'est l'histoire d'une femme délaissée par un mari volage... Durant les jours suivants, j'ai lu et relu la partition, j'ai essayé le premier air, « Porgi, amor », avec ses longues phrases qui me rappelaient mon cher Bellini. Et Ari est encore une fois reparti avant que nous fixions une date pour cette nouvelle croisière « de travail ». J'ai laissé la Comtesse dans son château...

Les mois ont passé ainsi, un peu vides parfois. C'est encore ainsi maintenant : je me souviens de ma vie, je relis des lettres, je regarde mes photos, j'écoute des disques, mes disques surtout, je promène les chiens. De temps en temps, des amis viennent, Janine souvent, ma chère Janine Reiss sans laquelle je n'aurais peut-être pas fait *Carmen*, et tant d'autres choses encore. Ou bien Jacques Bourgeois et sa drôle de voix de trompette ; il m'aime tellement. Pourtant, on m'a dit que, lui aussi... Et bien sûr, Michel Glotz, mon impresario et mon ami, toujours plein de projets auxquels il croit plus ou moins. Et Georges, qui veut me conduire encore, me diriger, me convaincre de reprendre, de me relancer, d'oublier les mauvais moments : « Tu ne peux vivre heureuse que sur la scène, Maria ! » Il a sans doute raison. Mais je suis si lasse... Toujours est-il que, après avoir chanté mon dernier opéra complet, cette *Tosca* de Londres du 5 juillet 1965, je me suis organisé une nouvelle vie, sans du tout renoncer à l'opéra ou au concert, mais avec la volonté de faire une pause afin d'être toujours disponible pour Ari. Cela a duré trois ans. Je ne dis pas que j'étais complètement heureuse, mais je me persuadais qu'il ne pouvait en être autrement et que je devais me contenter de ces moments partagés avec celui que je continuais d'aimer passionnément. Quant à mon travail, il devait prendre place dans les interstices, rien de plus. Et puis je me berçais de tant de projets, cette *Médée* à l'Opéra de Paris qui m'a fait rêver quelques mois... Ou une *Traviata* mise en scène de nouveau par Luchino, aussi pour l'Opéra de Paris : nous nous sommes téléphoné plusieurs fois, j'en ai eu envie, je crois que lui aussi, mais on ne nous a pas donné les conditions suffisantes pour réaliser une grande production comme nous le souhaitions. Alors le temps a passé, je suis allée plusieurs fois à New York pour rejoindre Ari. Je suis même allée au Met pour entendre *Adrienne Lecouvreur* avec Renata ! Elle y était très bien d'ailleurs et j'ai voulu la saluer à l'issue du spectacle, mais quel charivari alors ! Tous les photographes insistaient pour qu'on nous voie toutes les deux sur la même photo, celle de « la réconciliation » comme ont titré les journaux ! Mais en fait nous n'avons jamais été vraiment fâchées, il y a bien sûr eu des mots, des ragots : c'est l'écume. Nous avions chacune notre personnalité, voilà tout.

Mais à partir de fin 1967 ou début 1968, je ne suis plus sûre, Ari est venu moins souvent à Paris : au téléphone, il m'assurait qu'il était débordé par ses affaires et par des négociations très délicates...

Le sol s'est dérobé sous mes pieds quand, je ne sais plus quel jour d'octobre 1968, j'ai appris

– j'en suis encore toute bouleversée – qu'Ari et Jackie Kennedy allaient se marier dans cette île de Skorpios qu'il m'avait promise… Il ne m'avait rien dit, rien laissé entendre. Ou j'avais voulu être aveugle. Et sourde. Bien sûr, on m'avait ici et là suggéré telle ou telle chose sur Ari, évoqué des rumeurs, bien sûr j'avais vu ces photos d'Éphèse, bien sûr son éloignement sous mille prétextes aurait pu m'alerter, bien sûr il n'était plus là durant les séjours que je faisais sur le *Christina*, bien sûr, bien sûr… Mais non ! J'étais anéantie.

Se souvenir est une bien étrange chose : on revit même la douleur de ce qui ne vous surprend plus, puisqu'on le sait. Ici, pourtant, dans la pénombre moite de cette grande pièce que je connais par cœur puisque je passe mes journées entre ses hauts murs blancs, je me retrouve comme en ce jour d'octobre : je suis debout près de la cheminée, je me suis levée afin de remettre en ordre les fleurs qui ornent le grand vase posé dessus, je feuillette sans vraiment le lire un journal qui doit être le *New York Times*, que j'ai posé sur le manteau de la cheminée, et soudain je me fige : je lève la tête et je vois mon visage se refléter dans le miroir, j'ai l'impression qu'il vient d'exploser, je vois une morte, un cri rentré dans la gorge qui me maintient la bouche ouverte sans pouvoir bouger. Je recule et tombe sur le canapé, inerte, dévastée. Je viens de lire ce titre qui me tue, Ari et elle… un mariage… Pourquoi ? Je ne sais plus quoi dire, je ne comprends plus rien, je suis hébétée, je crois que je vais mourir.

Il m'a fallu plusieurs jours pour me ressaisir. Bruna m'a aidée, mon indispensable Bruna depuis tant d'années, avec des serviettes imbibées d'eau froide et d'une sorte de parfum fort qu'elle appliquait sur mon front, avec des cafés très chauds, de ces petits gâteaux aussi dont elle sait que je les aime bien, ma coramine, peu de mots, des encouragements à dormir, rien sur Ari bien sûr : j'avais l'impression d'être la petite fille que je n'ai jamais été et dont sa maman s'occupe. Il s'est passé quelque chose d'étrange alors : je me suis sentie apaisée, je ne trouve pas d'autre mot. Comme si j'avais « su » sans savoir, ou sans vouloir savoir et que, à présent, j'étais libérée de cette chose sans nom, de ce poids qui m'oppressait. Mais libérée d'Ari, non.

Je vais appeler Bruna, justement : c'est l'heure où je cesse de me plonger dans ce passé qui m'obsède pourtant. Je devrais sortir les chiens, mais je n'ai pas envie : Ferrucio le fera tout à l'heure. Je vais boire mon thé, mon café, manger quelques-uns de ces gâteaux irrésistibles de Bruna, et écouter, m'écouter… Mais quoi ce soir ? *Tosca* peut-être, la dernière fois que je suis montée sur scène pour un opéra complet, à Londres. *Tosca*, oui, ce n'est pas mon opéra préféré, mais c'était la dernière fois et j'y étais bien, je crois. On m'a envoyé le disque enregistré sur le vif, un « pirate » comme on dit, sous le label Voce, ce mot si beau. On dit parfois que j'ai *la voce triste*, mais ma voix vient de mon ventre, je suis une comédienne qui chante : c'est ce qu'il faut pour *Tosca*. Ma dernière *Tosca*, c'était il y a douze ans donc : y en aura-t-il d'autres ?

13 septembre 1977

Voilà, tout cela a été ma vie. Cette *Tosca* : je crains bien en effet qu'on puisse dire « *son ultime* Tosca ». Aurai-je un jour la force de recommencer, de me relancer sur une scène, à Paris ou ailleurs, pour porter ce personnage ? Car après ce choc du mariage d'Ari avec l'autre, j'ai voulu me relever, je me suis relevée, j'ai téléphoné à mes amis, j'ai donné des interviews, j'ai refait des projets avec Michel, j'ai écouté des propositions, j'ai retravaillé avec Janine : ma voix n'était encore pas si mal. Cette *Traviata* remontée par Luchino, j'aurais pu, peut-être… Mais l'Opéra de Paris n'a pas voulu nous donner ces vingt à trente jours de répétition avec l'orchestre et les chœurs dont nous avions besoin ! Mon ami Larry Kelly, avec qui j'avais voyagé aux États-Unis (jusqu'à Las Vegas même !), a entamé des pourparlers avec Dallas et avec San Francisco pour une *Traviata* ou encore une *Norma* ou un *Trouvère*. Mais chaque fois, on ne m'accordait pas assez de répétitions…

Alors le cinéma : j'ai déjà évoqué ce film avec mon cher Franco Zeffirelli, *Tosca,* mais on ne s'est pas mis d'accord sur la bande sonore. J'hésitais entre l'enregistrement que j'ai fait en 1953 avec Victor de Sabata ou celui de 1964 avec Georges Prêtre ; et Michel Glotz me suggérait de réenregistrer l'opéra avec le maestro Karajan. Je ne savais que choisir, le temps a passé, et le film ne s'est pas fait. J'ai eu aussi un autre projet de film pour *La Traviata,* avec le maestro Karajan encore. Nous nous sommes vus plusieurs fois, nous avons dîné au Berkeley, avenue Matignon, je m'en souviens. Le maestro semblait très excité par cette *Traviata* ; il avait des idées de mise en scène qui me paraissaient un peu surprenantes, mais j'avais envie de cette expérience. Nous nous sommes même vus sur le bateau du maestro, très différent de celui d'Ari !... Mais je tenais absolument à pouvoir décider de chaque détail, pour ne pas risquer d'être prise au dépourvu. C'est là que le bât blessait car le maestro voulait, lui, garder le contrôle de tout ! Nous ne nous sommes jamais mis d'accord. Dommage...

Pourtant j'ai fini par faire un film ! Et pas n'importe lequel : *Médée,* la tragédie d'Euripide, pas l'opéra de Cherubini que j'ai tant chanté. Un film réalisé par Pier Paolo Pasolini. Quelle étrange aventure ! Je ne connaissais guère ce Pasolini quand l'idée de cette *Médée* m'a été proposée. J'avais vu un de ses films, celui dont tout le monde parlait, *Théorème*, mais j'avais été choquée par tous ces gros plans de braguette ! Ensuite, j'ai vu *L'Évangile selon saint Matthieu* et *Œdipe-Roi*, celui-ci parce que Pasolini le souhaitait, afin que je découvre l'esprit visuel qu'il voulait donner à *Médée*. Mais, pour être honnête, ce cinéma intellectuel ne m'intéresse guère, j'ai toujours pensé qu'il y a assez de choses affreuses dans le monde et je vais au cinéma pour me distraire et m'amuser.

Pourtant je dois avouer que je me suis laissé séduire par Pasolini. D'abord parce qu'il m'a parlé de la Grèce avec des mots dorés, des mots si pleins de couleurs : c'était un poète. Il m'a expliqué cette rencontre de deux barbaries qui est au cœur de l'histoire, pourquoi il voulait pour Médée une Grecque et une femme qui soit « une effigie ». Il m'a fait lire un scénario, qu'il a repris quatre fois de suite après nos conversations. Car je n'en pouvais plus des couteaux, de la vengeance, de tout cela. Je voulais une Médée moins sanguinaire, plus humaine, une femme qui souffre et que l'on peut parvenir à comprendre. Je dois dire aussi que Pasolini était un adorable compagnon, souvent très drôle – et j'aime qu'on me fasse rire, j'en avais tellement besoin alors… On nous a vus dans des restaurants nous amusant comme des fous, faisant des pitreries de gosses, jouant à n'importe quoi avec une telle intimité que la presse a écrit qu'une idylle était née entre nous ! Alors que, je l'ai vite compris, Pasolini était comme Luchino : faut-il donc pour mon malheur que tous les cinéastes soient homosexuels ?

Finalement, tout a été décidé, les contrats ont été signés et nous avons commencé le tournage. Quel travail ! Quelle aventure ! On n'imagine pas, si l'on n'a jamais tourné de film, à quel point c'est épuisant. D'abord parce qu'il a fallu nous déplacer dans de nombreux endroits, de la Turquie à Pise et de Rome à Alep, en Syrie, et dans quelques autres lieux encore, sous un soleil de plomb, avec de la poussière, des cris, des projecteurs qui vous brûlent les yeux, des maquilleurs acharnés contre vous… Pourtant je suis restée concentrée tout au long du tournage, essayant de traduire par les gestes ce que ma voix projetait à l'opéra – car je ne chantais pas une note, je ne parlais même pratiquement pas, tout devait passer par mon corps, par mes yeux, par mes cheveux, mes mains, mes doigts, mes jambes, ma poitrine, par des gestes qui hurlaient dans ce silence étouffant. Heureusement, mes amis Richard Burton et Elizabeth Taylor m'ont bien aidée pour toutes ces expressions proprement cinématographiques à trouver. Les vastes robes que l'on m'a fait porter alors, avec des colliers, tant de colliers lourds et bruyants, faits de terre et de métal, et ce maquillage qui soulignait mes yeux et leur donnait quelque chose de fou, la folie de cette magicienne qui ne connaît que le désert et qui, découvrant un autre monde – et d'autres vêtements alors –, se cabre avant de retourner au désert, aux lourdes robes noires, aux colliers d'or, au feu.

Et il y avait le regard de tous ces gens dans les deux villages de Cappadoce où nous avons tourné : ils semblaient avoir peur de moi ! Ils ne me connaissaient pas et ne voyaient que cette folle, cette sauvage, ce feu en moi ! Mais pendant ce long tournage, j'ai peu à peu découvert Pier Paolo derrière Pasolini : il était un peu compliqué, confondant trop souvent ses livres avec la vie, mélangeant la psychanalyse à l'expérience humaine et à la poésie, mais si gentil, si amical, si tendre. Nous avons voyagé ensuite à travers le monde pour présenter le film et nous avons eu toutes ces conversations sur la vie, l'amour et la douleur de la séparation, car son ami Ninetto était en train de le quitter et lui aussi s'attachait à un rêve. J'ai pu reprendre goût à tout grâce à Pier Paolo, grâce à ce film – qui a été montré à l'Opéra de Paris avant d'aller dans les salles de cinéma, où je crains qu'il n'ait guère été compris. J'ai reçu des lettres de jeunes gens qui l'ont aimé, qui me parlaient de ma « fascination barbare », de mes « épaules dorées », de mes « bras sculpturaux », de ma « course à l'abîme, échevelée telle une folle ou un oiseau de proie », il y a eu quelques bons articles, des applaudissements aussi à l'Opéra de tous ces gens enrubannés qui ne savaient rien de la Grèce, de ce feu, et qui ont sans doute pris ma Médée pour une échappée de l'asile, perdue dans de beaux paysages.

Alors je suis rentrée chez moi. Luchino m'a appelée et m'a proposé d'autres personnages, tout ce que je voulais, des déesses, des bourgeoises, des plus folles que moi encore, des personnages historiques, n'importe qui pourvu que je tourne avec lui. Il est revenu à la charge tant de fois, nous avons parlé de tout ce qui était possible à imaginer ; mais non, j'avais osé une fois, c'était déjà beaucoup. Un jour, il a cessé d'appeler. Je ne l'ai jamais revu : il est mort l'année dernière. Quelques mois après Pasolini, mon pauvre petit Pier Paolo assassiné sur la plage d'Ostie. Un an presque jour pour jour après Ari. Comme s'ils m'invitaient à les suivre. Je pense parfois à la mort, je n'en ai pas peur. Non que je veuille me suicider, comme l'ont écrit les journaux quand j'ai eu mon anémie et que j'ai été transportée à l'Hôpital américain. C'est absurde : je reconnais que j'étais déprimée, mais je n'aurais jamais fait une chose aussi stupide. Aucun homme ne le mérite d'ailleurs. J'aime la vie : elle est si inattendue ! Mais la mort est une grande question. Je suis si souvent morte à l'opéra que j'ai un peu apprivoisé ce passage. Mais ce qui m'importe le plus, c'est le sens à donner à notre vie. J'ai fait des rêves, j'ai vécu des rêves, mais je n'ai jamais joué dans ma vie. J'ai été vraie.

Donc *Médée* est née à l'écran : cette année de travail avait été salutaire, m'avait un peu lavé la tête, m'avait fait oublier. Mais non, je sais bien que non, pourquoi essayer de ruser avec moi-même ? Même quand je tournais, exténuée, couverte de boue et brûlée de soleil, je pensais à lui. Quand je devais être un « bloc de furie », ainsi que me le demandait Pasolini, quand je courais, quand j'escaladais la montagne brûlante, je pensais à lui. Parce que lui et moi étions la Grèce. Et Médée nous réunissait. Le film est sorti en février 1970 et, trois mois plus tard, j'ai revu Ari. Il venait d'arriver à Paris, il m'a appelée, m'a invitée à dîner, j'ai accepté. Quelle journée ! Je l'ai passée à chercher comment m'habiller. J'ai essayé des robes, j'ai fait tourner Bruna en bourrique, j'ai bu trop de café, j'ai voulu faire une sieste pour être en forme, je ne suis pas parvenue à m'endormir, j'ai changé cent fois de souliers, j'ai déchiré un chemisier en le tirant trop vite, j'ai arraché tous ses boutons à un autre, j'ai opté pour un tailleur-pantalon beige doré, je l'ai retiré juste avant qu'il n'arrive... Finalement, jupe noire à larges plis, chemisier de shantung grège, veste Channel. Et ma broche fétiche.

Il est arrivé vers 21 heures. Ferrucio l'a fait monter, je tremblais comme une plume, comme une jeune fille, Iphigénie... Il m'a baisé la main, puis s'est reculé, s'est approché de nouveau, m'a serrée dans ses bras, tellement serrée, j'étais une poupée de chiffons, je tanguais. Nous n'avons réussi à rien faire de plus, alors nous sommes descendus jusqu'à la voiture et avons rejoint Hélène Rochas et Francesco Chiarini au restaurant. Je ne me souviens pas de ce dont nous avons parlé pendant le dîner, ni de ce que nous avons mangé : je me souviens seulement d'Ari, assis face à moi, ses pieds sur les miens, ses yeux dans les miens. Quand nous avons quitté Hélène et Francesco, il n'était pas encore minuit, parce qu'à minuit, nous étions chez moi. À partir de ce soir-là, Ari est revenu souvent : parfois nous allions dîner chez Maxim's ou dans d'autres restaurants qu'il voulait me faire découvrir, mais d'autres fois nous restions ici, à la maison. Bruna nous servait du caviar que Ferrucio était allé acheter dans l'après-midi avec des gâteaux. Et du champagne bien sûr. Je l'ai retrouvé alors comme au début. Il était marié avec l'autre, mais d'une part ça ne me déplaisait pas de la faire *cornuta*, et surtout il me répétait que ce n'est qu'avec moi qu'il se sentait bien. Il m'a expliqué alors que son mariage avait été dicté par des raisons politiques et stratégiques, qu'il ne le voulait pas en fait et que c'était une impasse. Il me parlait aussi de sa fille, Christina, qui l'inquiétait ; elle s'enferrait, semble-t-il, dans des aventures amoureuses peu reluisantes. Heureusement, il lui restait son fils, Alexandre, qu'il aimait tant. Il me parlait librement ; il savait que je l'aimais, que je n'avais jamais aimé que lui. Nous nous sommes beaucoup vus durant ces mois-là, c'était délicieux. Jusqu'à ce que des photos de nous deux dans un club parisien paraissent dans un journal new-yorkais et fassent accourir celle qui, officiellement, était sa femme. Pendant qu'elle était à Paris, bien sûr, j'ai dîné et dormi seule…

Mais j'avais retrouvé mon énergie et j'ai alors décidé d'accepter de faire ces *master classes* que me demandait la fameuse Juilliard School de New York. D'autant qu'à New York, où Ari était souvent pour ses activités, ai-je sans doute inconsciemment pensé, nous pourrions peut-être nous voir en secret, comme de jeunes amoureux… Il fallait bien continuer de rêver.

Cette expérience nouvelle a été pour moi formidable. Très différente de celle du cinéma. Car elle me ramenait au chant. Je me remémorais mes débuts en préparant ces *master classes*, qui tout à la fois m'inquiétaient et m'excitaient. Comment allais-je être devant les étudiants ? Saurais-je leur dire ce qu'il faut pour être un grand artiste ? Le sais-je d'ailleurs moi-même ? Je n'ai pas vraiment choisi le chant, je n'étais pas sûre d'avoir « une voix », mais ma mère insistait tellement... Je me considère comme une créature du destin ; je n'ai pas eu à lutter pour que ce destin s'accomplisse. Mais j'ai étudié, parce qu'il n'y a pas d'excuses à se reposer en attendant le destin : il faut toujours se préparer au moment qu'il décide. C'est pourquoi, durant ces *master classes*, j'ai fait en sorte de guider ces jeunes au-delà de la technique du chant – ce que nombre d'autres professeurs seraient mieux à même de leur enseigner. J'ai voulu leur donner la possibilité d'être prêts à accueillir ce destin qui doit les révéler s'ils ont en eux ce feu, même si la technique ne suit pas encore... Mais, à vrai dire, j'ai eu beaucoup de désillusions ; la plupart de ces jeunes réclamaient des recettes, au lieu de chercher en eux ce qui aurait pu faire résonner les personnages qu'ils voulaient interpréter. Je me souviens en particulier d'un jeune baryton qui avait choisi de chanter l'air de Rigoletto, « Corteggiani », un air très difficile, précisément parce que tout est dans l'interprétation.

Il me l'a chanté d'abord – et c'était plat, sans nerf, sans ce feu que l'on doit entendre. Car la situation est terrible : c'est un père à qui l'on vient de voler sa fille ! Il est bouleversé, bien sûr, et il s'avance, tremblant de rage contre ces infâmes courtisans dont il sait que ce sont eux qui ont fait le coup. Tout cela, ce souffle haletant, ce tremblement, cette haine qui enfle sa poitrine, il faut le faire éclater dès l'attaque : « Corteggiani », ce doit être un cri jeté par ce malheureux Rigoletto, on doit y percevoir du mépris et de la violence, un désir de les prendre à la gorge, tous ces courtisans qui sont là devant lui, goguenards. Je ne sais plus combien de fois je lui ai fait reprendre cette attaque, je songeais à ma chère Elvira de Hidalgo, celle qui m'a tout appris, et j'essayais de lui montrer que ce cri *devait être du chant*, que l'expression était dans le chant. Nous avons avancé lentement. Je me souviens que nous avons repris, développé, creusé, phrase après phrase ; j'ai cru devenir chèvre à propos de sa difficulté aussi sur un autre mot : « Assassini ! » Là encore, il fallait qu'on ait le sentiment qu'il jette tout son corps pour les broyer... Ça a duré !... Quand j'ai suspendu ce travail, j'ai alors pensé au destin de ce garçon : il possédait tous les éléments, une voix plutôt belle, un timbre séduisant, une technique maîtrisée – mais rien de ce qui peut transformer un talent en destin. Je ne sais pas s'il a commencé une carrière, je ne crois pas qu'il en fera. Bien sûr les notes, le legato, les fioritures, n'importe qui d'un peu doué peut les déployer ; mais ce destin qui fait un chanteur, cette passion qui vous retourne le ventre, ce qui vous pousse aux épaules, ce qui fait que plus rien n'existe, ce qui vous fait être autre, ce sang qui bat plus fort, cette force... Bon, je m'échauffe !... Finalement, l'expérience de ces *master classes* a été pour moi mitigée : je me suis vraiment investie, j'ai travaillé, j'ai écouté, j'ai tenté de faire passer ce à quoi je crois, mais j'ai eu l'impression que beaucoup venaient y voir la Callas faire son numéro !...

Pourtant, durant ce séjour à New York – où je n'ai pas retrouvé Ari, qui devait être à quelque bout du monde, à moins que l'autre ne veillât... –, j'ai éprouvé une belle émotion : j'ai eu envie un jour de retrouver les lieux de mon enfance. J'ai fait louer par mon hôtel une voiture avec des vitres teintées pour être tranquille et je suis retournée à Brooklyn. Ou plutôt à Astoria, au nord du Queens, là où mes parents se sont installés à leur arrivée. Je me suis fait conduire jusque dans la 106e rue, au Flower Hospital, où je suis née. Ce n'était pas très gai, un bâtiment sinistre en briques jaunes et grises... J'ai retrouvé l'école de Washington Heights, et puis toutes ces rues du nord de Manhattan où je me suis souvent promenée avec ma sœur, ou toute seule ; mais tout a changé, il n'y a plus sur les trottoirs cette atmosphère de province que j'aimais quand j'étais petite, tout le monde se hâte, il n'y a plus d'enfants dans la rue et plus de musiciens, plus d'odeurs d'oignons frits. J'ai cherché la « Splendid Pharmacy » de mon père, mais elle a disparu. Je suis descendue sur le trottoir et j'ai marché un peu, pas très longtemps car je ne me sentais pas très en sécurité et, surtout, je me sentais étrangère. Je suis rentrée à la fois émue et un peu triste : j'ai compris que le temps avait passé. Je ne me sens pas vieille, mais pourtant...

« Vieille » : parfois, justement, je me sens un peu déphasée dans ce monde d'aujourd'hui. Je suis une femme simple et droite, je ne prétends pas être quelqu'un de « bien » ; ce n'est pas à moi d'en juger. Mais je sais clairement ce qui est bon ou mauvais pour moi et je ne cherche jamais à me dérober. Si je dis « oui », je veux dire « oui », dans l'absolu je n'aurais même pas besoin de signer un contrat. Je n'aime pas ce principe du contrat, il sous-entend que votre parole peut être mise en doute. Mais cette exigence de droiture me met souvent en porte-à-faux avec notre époque. J'ai sans doute un côté victorien. Je crois en la nécessité d'une discipline personnelle et d'un certain degré de modération. Dans nos sociétés prétendument civilisées, la complexité des rapports humains exige que nous nous montrions un peu plus... disons corsetés, « collet monté ». Les Britanniques ont sans doute compris cela mieux que les autres. De façon générale, je trouve notre monde trop permissif. Les jeunes critiquent leurs parents à l'excès, sans avoir conscience de l'importance des valeurs qu'ils ont à leur transmettre, et qui pourraient se perdre avant qu'on y ait pris garde.

Je crois que mon grand problème, c'est le pessimisme. Et je suis susceptible, c'est vrai ; si on est brusque avec moi, même pour me donner un conseil, je peux devenir vraiment sauvage. J'ai beaucoup d'amour-propre, c'est la fierté de mon caractère, et on ne peut pas tout me dire. Ou il faut attendre le bon moment. Naturellement, je sais aussi parfois ce qu'on va me dire parce que je perçois ce que je fais de bien ou de mal, je suis lucide. C'est pourquoi j'ai toujours eu horreur de lire de mauvaises critiques sur mon compte parce que je savais, beaucoup mieux que les journalistes, ce que j'avais raté et pourquoi, et j'aurais même pu me montrer envers moi-même encore plus impitoyable qu'eux ! Mais qui me connaît vraiment ? Il y a un côté de ma personnalité qui est très poétique et que je cache, un petit monde intérieur où tout est beau, tout est loyal ; mais je sais bien que ce n'est qu'une création de mon esprit : je passe mon temps à débattre avec moi-même…

Mais je philosophe, alors qu'il est temps de se reposer : Bruna sait ce qu'elle doit m'apporter, du thé, des scones, de la confiture de violettes, ma coramine. Et je vais écouter *Médée*, la mienne, pas celle de Pier Paolo ; celle de 1957, avec mon maestro Serafin, et la petite Scotto. Ou bien celle de la Scala en 1953, avec mon cher Lenny Bernstein ; je me souviens encore comment il m'avait fait me jeter dans ce cri du troisième acte : *Nere furie, volate a me !* (« Noires furies, volez vers moi ! ») Un élan, un formidable appel, une menace terrible. C'est vraiment un rôle qui me convient pour beaucoup de raisons. Pourtant il ne faut pas y mettre trop de passion tant qu'on n'est pas sûre de maîtriser toutes les exigences intérieures des airs – et certains sont meurtriers ! À l'opéra, la passion sans réflexion n'a pas d'intérêt. Elle fait de vous une bête sauvage, pas une artiste. Il faut se rappeler que si Médée est une femme violente, c'est aussi une femme qui aime. Pour cette représentation de la Scala en 1953, je savais que, trois jours plus tôt, Renata avait ouvert la saison avec *La Wally* et avait eu un certain succès. Moi, j'ai eu un triomphe, toute la Scala levée vers moi pour un torrent d'acclamations :

la différence était faite… On m'a envoyé aussi ce « pirate » de Dallas, en 1958, avec cette jeune Espagnole, Teresa Berganza, une si jolie voix, et Jon Vickers, un magnifique chanteur comme je les aime, avec ce timbre presque blessé, mais cet incendie au cœur de lui, au cœur de chaque phrase. Pourtant un homme étrange, que je ne suis jamais parvenue à apprivoiser. Ou seulement à comprendre.

Oui, ce soir je vais retrouver ces frémissements de ma Médée : elle est Grecque, elle aussi…

14 septembre 1977

J'AI réécouté ma Médée hier soir, celle de Dallas avec cette petite Berganza. Il y a quelques jolies voix dans cette nouvelle génération, la jeune Renata Scotto, cette Teresa Berganza, et surtout une autre Espagnole, Montserrat Caballé. Je me suis même demandé pourquoi continuer à chanter quand Caballé le fait si bien… Quelle place aurai-je dans l'histoire de l'opéra quand je me serai vraiment arrêtée, quand je me serai retirée ?

Plusieurs fois j'en ai eu envie, aujourd'hui encore… Chaque fois, je me suis relancée, pour Ari pendant longtemps… Mais Ari n'est plus là : deux ans déjà, plus de deux ans ! Il a lâché prise après la mort de son fils, cet accident d'avion que j'ai appris par le journal. Il aimait tellement son fils, il avait tout préparé pour qu'il lui succède. J'imagine le choc qu'il a dû éprouver. Je ne savais pas quoi faire : l'appeler ? Lui écrire ? Courir jusqu'à lui – mais où ? Finalement je n'ai rien fait. C'était au début

1973. Un peu plus de deux mois après la mort de mon père. Comme si la mort me faisait signe.

Pourtant j'ai passé une belle année 1972, il y a cinq ans. Après les *master classes* à la Juilliard School, j'ai eu envie d'autre chose encore pour me sentir vivre. Le destin m'a offert de me réaliser d'une autre manière alors : après le cinéma, après l'enseignement, la mise en scène. Pippo – c'est toujours ainsi que j'ai appelé mon cher Giuseppe, le « grand ténor Giuseppe Di Stefano » écrivait la presse –, Pippo, donc, venait de me proposer de réaliser avec lui une mise en scène des *Vêpres siciliennes* à Turin : une chance, une véritable aubaine ! J'ai compris que j'allais enfin pouvoir montrer comment je ressens les personnages, le théâtre, tout ce qui va permettre de faire éclore le chant. J'ai travaillé comme une folle, relisant toute la partition, réfléchissant à tout ce que disait ce livret, à ce que Verdi avait voulu faire passer comme message aux Français – puisqu'il avait composé ces *Vêpres* pour l'Opéra de Paris. Je passais des heures au téléphone avec Pippo. Sa mégère de femme le lui reprochait d'ailleurs, paraît-il. Je ne l'ai jamais supportée. Même avant que…

Nous avons bien avancé ensemble. C'était parfois un peu difficile avec cette jeune soprano au nom imprononçable, une Bulgare je crois, Raina Kabaivanska, je crois que c'est cela. Je voulais lui faire comprendre qu'il lui fallait éclairer sa voix, ouvrir les voyelles, mais elle s'ingéniait à vouloir assombrir au contraire, pour faire comme moi, me disait-elle !… Mais nous n'avons pas pu disposer de tous les moyens souhaitables pour une telle production et le spectacle n'a pas été un triomphe. Je ne sais pas si c'était à cause de moi ou à cause de Pippo ? Ou des interprètes ? Mais durant toute cette année 1972, ça m'a procuré une telle excitation ! Je recommencerai peut-être un jour, mais seule, avec mes idées, et dans un théâtre qui m'en donne les moyens : pourquoi pas à l'Opéra de Paris, puisqu'ils me réclament à grands cris… Si je leur proposais *La Traviata*, cette *Traviata* qui ne s'est finalement pas faite de nouveau avec Luchino… Je ne crois pas que je la chanterai encore, mais je vois bien ce que je pourrais apporter à l'éclairage de cette femme, de son intériorité, il y a tant à dire – et tout est dans la musique. Je vais peut-être y songer, y réfléchir… Mais qui choisir pour Violetta ? Y a-t-il une chanteuse aujourd'hui pour incarner Violetta ? Nous verrons bien, si cela se fait…

Je pourrais peut-être aussi refaire du cinéma. Pier Paolo m'en a finalement donné envie : ce serait un bel hommage au-delà de sa mort. J'ai connu beaucoup d'acteurs et d'actrices, mes chers Richard Burton et Elizabeth Taylor bien sûr, avec ses yeux violets auxquels je ne voulais pas croire, mais aussi Ava Gardner, avec laquelle, en 1972 justement, j'ai fêté mon anniversaire à Londres. Quelle femme ! Quelle classe ! Quelle sensualité aussi, dans sa voix en particulier. Cette soirée m'a marquée : c'était il y aura bientôt cinq ans, elle m'a avoué alors qu'elle avait juste un an de plus que moi, qu'elle était née en décembre 1922. Et nous avons évoqué nos vies, le cinéma et l'opéra, les parallèles. Et puis les amours : elle me parlait de son Franck Sinatra comme j'aurais pu parler d'Ari. Il y avait aussi ce soir-là ce beau danseur russe qui ressemble à un fauve, Rudolf Noureïev, qui ne disait pas un mot mais se laissait regarder comme un chat se laisse caresser… Étrange ! J'en ai connu d'autres, des actrices et des acteurs, Greta Garbo par exemple, sur le *Christina*, avec Ari : j'avoue que je n'avais alors vu aucun de ses films quand je l'ai rencontrée, mais la personnalité de cette femme était attachante, encore actrice par certains côtés et déjà loin par d'autres, légère, drôle, flottante presque, une personne à part. Plus tard, j'ai vu un de ses films qui, évidemment, ne pouvait que m'intéresser du fait de son sujet, *Le Roman de Marguerite Gautier*, d'après l'histoire de la Dame aux camélias : elle y était magnifique, c'était déjà Violetta, sans la musique de Verdi.

J'ai connu aussi Audrey Hepburn, qui avait été mon idole dans *Vacances romaines*, et Burt Lancaster, qui était beau comme un dieu et avec lequel j'ai beaucoup parlé de Luchino car il venait de tourner *Le Guépard* avec lui : quel film splendide ! Quand je l'ai vu, j'avais le sentiment de retrouver tout l'univers lyrique de mon Luchino. Comme s'il avait fait de ce film une sorte d'opéra.

Pourtant, ce sont peut-être ces soirées à New York à la fin des années 1950 avec Marlene Dietrich qui m'ont le plus marquée ; la première fois que je l'ai rencontrée, lors d'une *party* dans le Village, je venais de voir un vieux film d'elle, datant du début des années 1940 je crois, *La Maison des sept péchés.* Sa beauté dans la scène où elle descend très lentement l'escalier, vêtue en uniforme blanc d'officier de marine, la casquette inclinée sur le front et chantant d'une voix, oh une voix comme je n'en ai jamais réentendu, cette chanson américaine, *The Man's in the Navy* !... J'ai essayé de la chanter : jamais je ne suis parvenue à retrouver ce frisson souple dont elle sait habiter la phrase, ce coulé, ce déhanchement de la voix, cette incroyable sensualité qu'elle met dans chacun de ces mots. Des mots qui, dans sa bouche, deviennent des promesses chavirantes... Au cours de cette soirée, des amis m'ont présentée à elle : elle m'a dit bonsoir avec cette même voix que celle de Bijou, dans *La Maison des sept péchés*, elle m'a dit qu'elle m'avait déjà entendue à la radio. Nous avons saisi un verre à la volée et elle m'a proposé de nous asseoir un peu en retrait. Là, elle m'a regardée alors avec un sourire dont je me souviens encore, comme si ses yeux semblaient raconter des secrets. Rien de plus, mais…

Nous nous sommes revues à plusieurs reprises, dans des *parties* le plus souvent, nous parlions de tout et de rien, de musique beaucoup, du violon qu'elle avait pratiqué dans sa jeunesse et qu'elle avait dû abandonner à la suite d'une blessure au poignet, de ses chansons. Une fois, à la fin de la soirée, elle s'est mise au piano et a chanté en s'accompagnant une mélodie en allemand dont elle me traduisait les paroles en me regardant au fond des yeux : « Je suis faite pour l'amour de la tête aux pieds. » Elle m'a expliqué ensuite que c'était tiré de son premier film, *L'Ange bleu*. Et puis, sans me quitter un instant des yeux, elle a enchaîné avec une autre chanson, que je connaissais bien celle-là : *Lili Marlene*, quelques autres encore dont je ne me rappelle plus les titres. Ensuite, avec une grâce nonchalante, comme une évidence, elle s'est levée, est venue vers moi et m'a invitée à chanter à mon tour. Je me suis sentie à cet instant plus terrifiée qu'avant une première à la Scala ! Elle me fixait avec un sourire qui me faisait battre le cœur. Mais je ne savais pas, comme elle, m'accompagner au piano, je sais le faire chez moi, imparfaitement, pour travailler – mais là !... J'ai décliné la proposition et nous avons alors continué de bavarder, assises sur un canapé pendant que la maison se vidait peu à peu. Elle me parlait de ses films, de mes rôles, parfois elle se penchait et me chuchotait des choses dans le cou que je ne comprenais pas, ou elle me serrait les mains en les portant contre son cœur... C'était très étrange, en même temps un peu troublant, je l'avoue. Moi qui ai toujours essayé de maîtriser mon destin, là je ne savais quoi lui répondre, quoi faire, quelle contenance prendre : je n'ai jamais été portée sur les femmes. Je dois reconnaître que j'étais flattée, sans doute, mais mal à l'aise. Et je ne voulais pas de ce trouble. Peu à peu, nos rencontres se sont espacées. Et je suis revenue en Europe. Elle m'a téléphoné, il y a trois ans : elle vit à présent à Paris, pas très loin d'ici, avenue Montaigne, et m'a proposé de venir dîner chez elle avec quelques amis. Mais c'était au moment où nous étions lancés dans cette tournée autour du monde avec Pippo : j'ai dû refuser. Elle ne m'a pas rappelée.

Alors que pourrais-je donc jouer au cinéma aujourd'hui ? Une belle histoire, comme ce film que j'ai vu à la télévision récemment, avec une actrice française que j'aime beaucoup, Danielle

Darrieux : elle aussi, quels yeux ! C'est une histoire de tourbillon, de boucles d'oreilles qui passent de mains en mains, d'oreilles en oreilles, une sorte de manège de l'amour, je crois que ça s'appelle *Madame de*. C'est un film comme cela que j'aurais envie de jouer. Mais avec qui pourrais-je en parler maintenant, alors que Pier Paolo est mort, que Luchino est mort ?

À la suite de notre mise en scène des *Vêpres siciliennes*, je n'en avais pas fini avec Pippo. Car, après cette aventure, il y a eu la tournée dans laquelle il m'a entraînée. Je me suis souvent demandé pourquoi j'avais accepté : il n'avait plus de voix, le malheureux ! Et était-ce le bon moment pour moi ? Quand j'aurai tout repris, il faudra que j'efface ce mauvais souvenir : trop longue, trop loin, trop mal préparée, cette tournée. Je me suis souvent embarquée dans des histoires qu'il aurait mieux fallu ne pas me raconter. Ou étais-je trop gentille ? Peut-être. Je l'aimais bien Pippo, sans doute pas comme il le souhaitait, mais quand même… D'ailleurs, souhaitait-il vraiment plus ? Il demeurait très attaché à sa femme, Maria, à ses enfants, à sa fille Luisa, qui était très malade – elle est morte depuis, il y a deux ans : quelle place pouvais-je avoir à l'intérieur de cette famille ? Alors oui, bien sûr, j'ai pu me laisser aller dans les bras de Pippo, mais plus pour ne pas lui refuser ce désir qu'il affirmait que par envie réelle. D'ailleurs, je n'en ai guère de souvenir. La solitude est parfois mauvaise conseillère…

Tout ce qui reste de ces mois, de cette tournée interminable, est pour moi un drôle de mélange fait de beaucoup d'amertume et de quelques satisfactions ; amertume d'entendre la voix délabrée de Pippo, amertume de me rendre compte de mes problèmes de souffle, de ma difficulté à retrouver cette plénitude, même si je sais bien que je peux encore beaucoup donner, beaucoup exprimer ; mais satisfaction de voir ces salles hurlant de bonheur dès que j'apparaissais, avant même que j'aie ouvert la bouche !… C'est pourquoi je sais bien que je peux revenir, mais dans des conditions qui soient dignes de ce que je suis, la Callas, et pas dans cette mauvaise organisation, ces destinations pas toutes nécessaires, ces programmes mal préparés. Et puis surtout il me faut un orchestre, pas seulement le petit son d'un piano, pour accompagner mes airs. Cette tournée m'a menée de Hambourg, en octobre 1973, à Sapporo, au Japon, en novembre 1974, en passant par toutes ces villes dont je n'ai plus les noms en tête, Berlin, Londres, Munich, tant d'autres, Séoul, Tokyo, Hiroshima, Montréal, New York, à Carnegie Hall – j'étais si mal à ce moment-là que j'ai eu l'envie d'en finir, là, dans la ville où je suis née –, et puis encore Boston aussi, Philadelphie, Chicago, etc. Et Paris bien sûr, le Théâtre des Champs-Élysées pris d'assaut par mes admirateurs, cette secousse quand je suis entrée par la petite porte à jardin : une clameur immense ! J'avais mis ma robe rouge éclat, je voulais tant leur donner ! Bien sûr, ma voix n'était plus celle d'autrefois, je le savais et le public le savait. Mais nous étions là pour un échange d'amour. Quelle soirée ! Le bonheur sur tous ces visages, ma volonté de puiser au plus profond de moi… Je crois que ce concert a été un des plus beaux moments de notre tournée. Je me souviens, à la fin, quand tous les spectateurs se sont précipités au pied de la scène, cette nuée vibrante, le visage de ce jeune homme alors, il pouvait avoir 25 ans, blond, mince à ce que j'en apercevais, avec des lunettes à monture d'écailles, mais plus fines que celles d'Ari : il semblait dans une sorte d'extase, comme s'il n'entendait plus les cris autour de lui, comme s'il était seul avec moi. Le bonheur de pouvoir déclencher de telles émotions… Qu'est-il devenu aujourd'hui ?

Nous aurions pu faire un disque au bout de cette tournée : nous l'avons même enregistré, ce disque, à Londres, avec ce jeune chef plein de flamme, Antonio de Almeida, dans la vieille église St. Giles Cripplegate, avec le London Symphony Orchestra, un bel orchestre. Pendant deux semaines, nous avons répété ces duos de *Don Carlo, La Force du destin, Otello,*

Aïda, *L'Élixir d'amour*... Mais c'était difficile. Pippo avait beaucoup de mal, moi aussi parfois, tout cela n'était pas digne de moi, de ce que mes admirateurs attendaient de moi. J'ai écouté le résultat et j'ai interdit qu'on diffuse ce disque. J'attendrai de me sentir un peu plus reposée, avec ce souffle dont je sens qu'il revient, et je referai un disque, seule peut-être. Dans quelques mois.

Je me demande parfois si tout n'est pas trop tard pour moi. Trop tard tous ces projets de spectacles, à l'Opéra de Paris ou ailleurs, les projets d'enregistrements, ce *Werther* peut-être que je pourrais faire avec Georges, mon cher Georges Prêtre. Nous en avons parlé, j'ai regardé la partition, je crois que c'est tout à fait « dans mes cordes », comme disent les Français. En même temps je me demande si j'en aurais l'énergie. Comme je le chante à la fin de *La Traviata* : « E tardi ! » J'aime cette scène car elle condense tant de choses de ce que nous vivons, nous autres femmes : la sujétion aux hommes, l'abandon, les promesses et puis la nostalgie d'un passé heureux, bref, mais qui entretient notre rêve d'amour. Et Verdi a si bien construit la progression de cette scène : la lecture de la lettre d'abord, à voix parlée sur un lit d'orchestre frémissant, la déchirure, le cri, « E tardi ! », c'est trop tard, et la remémoration triste, l'adieu au passé, « Addio del passato », avec cette mélodie qui monte et concentre tout ce qui a fait Violetta, la *Traviata.* C'est d'ailleurs, on ne le remarque guère, le *seul* moment de tout l'opéra où ce mot est prononcé, *traviata.* Celle qui a quitté la voie. Je suis un peu une *traviata* moi-même ; non pas, grand Dieu, une courtisane, mais une artiste qui a quitté sa voie, celle de l'opéra, celle des scènes d'opéra. Et pourquoi ?

Alors revenir avec ce *Werther* ? Sans doute pourrais-je le chanter car, mis à part peut-être l'« Air des larmes », il n'y a pas de grande difficulté vocale. Mais il n'y a pas que la voix à l'opéra, il y a tout ce qui pousse, ce qui mobilise le corps entier, ce qui motive. Longtemps, mon vrai moteur a été Ari, a été l'amour. Mais je n'ai plus d'amour ; je ne suis toujours pas sûre d'avoir été aimée… Je sais bien, *Vissi d'amore* – mais ce n'est pas vrai ! Mon père s'en est allé, là-bas, en Amérique, sans que je l'aie revu ; Ari, que je n'ai cessé d'aimer malgré les avanies, est mort à l'Hôpital américain de Neuilly il y a deux ans, en mars 1975 – et je n'ai même pas été autorisée à me présenter dans sa chambre ; Luchino, mon amour impossible, est mort l'an passé, sans m'avoir plus fait signe… Je suis désormais si seule, *sola, perduta, abbandonata,* comme Manon Lescaut.

Il y a bien eu ces longues conversations sur l'amour avec Pier Paolo, mais rien de plus.

Pourtant, des journaux ont cru bon d'écrire que nous allions nous marier : quelle idée ! J'ai aimé Pier Paolo comme ce frère que je n'ai jamais eu, mais à aucun moment nous n'avons abordé cette réalité douloureuse, ce fossé qui nous séparait, son amour des garçons, de son Ninetto en particulier. J'ai pourtant accompagné Pier Paolo quand il est allé lui rendre visite dans la caserne où il était enfermé : son amour me faisait mal et me fascinait en même temps. Il était si intelligent que je ne comprenais pas pourquoi il faisait cela. Et il a été si malheureux quand il m'a dit que Ninetto le trahissait et s'apprêtait à se marier à une jeune fille de son âge : que pouvais-je lui dire ? Il m'a écrit des poèmes, il a écrit des poèmes pour moi : dans l'un, il dit : « Je sais que le mystère de ta voix était bien celui des anges. » Il en a écrit beaucoup, je les ai tous gardés. Il a été un peu mon frère, un peu mon père… Nous avons beaucoup partagé durant tous ces mois, dans l'île de Tragonissi, en Afrique aussi quand nous avons fait ce voyage avec ce grand écrivain qui m'impressionnait tant, Alberto Moravia. Surtout, nous avons vécu le déchirement l'un et l'autre, lui pour Ninetto, moi pour Ari. Nous avons été tous les deux malmenés – mais l'esprit commande tant que le corps suit. Les tragédies, on ne doit les faire que sur la scène.

L'amour est la grande affaire. À l'opéra, toujours. Et sans doute dans la vie. Je tourne sans cesse autour de cette question qui me tient en éveil : ai-je été aimée ? Tous ceux-là qui sont morts maintenant ne peuvent plus me répondre, mais les jours et les jours ont parlé pour eux. Ou pas. Ma mère, c'est sûr, ne m'a pas aimée. Mon père un peu sans doute, surtout quand j'étais enfant. Ensuite, qui ? Mon mari, celui qui a été mon mari, Titta ? Il a eu de l'affection pour moi, de l'amour c'est autre chose. Luchino, non, de l'estime, de l'amitié, peut-être quelque chose de flou qui mêlait l'admiration à je-ne-sais-quoi, le rêve d'un personnage qu'il superposait à moi. Pier Paolo d'une certaine façon m'a aimée, mais d'un amour fraternel qui n'est pas l'amour que recherche une femme. Ari alors, bien sûr, quelque temps, je ne sais pas combien, m'a, lui, aimée, comblée, emportée, grisée. Mais très vite il s'est lassé. Puis il est revenu, il a eu *besoin* de moi : c'est une forme de l'amour. Moi, j'ai toujours eu passionnément besoin de lui. Je l'ai aimé de tout mon être. Et il s'en est allé. Alors qui ? Pippo ? Non, quelques abandons fortuits ne sont pas de l'amour. Je me sens fatiguée, si fatiguée. Flottante aussi un peu, comme si je perdais la réalité des choses, comme si la folie montait en moi… La folie ? Je l'ai tant chantée ! J'en ai encore le frisson quand me revient cette *Lucia di Lammermoor*, ma Lucia…

La première, c'était en 1952 – il y a vingt-cinq ans –, à Mexico, avec Pippo déjà, c'est incroyable ! Il était là aussi pour l'enregistrement, l'année suivante, sous la direction de mon maestro Serafin. Il y en a eu beaucoup d'autres un peu partout, mais celle qui a beaucoup compté pour moi, c'était à la Scala, en 1954, avec le maestro Karajan. Il avait décidé de réaliser lui-même la mise en scène afin de, m'expliquait-il, faire coller exactement le geste à la musique. Je me souviens en particulier de cette fameuse scène de la folie : j'étais vêtue d'une longue robe de nuit blanche que recouvrait une manière de peignoir élégant, blanc lui aussi, avec des manches ouvertes comme des corolles plissées, et une traîne toute faite de plis aussi, qui ruisselait derrière moi comme un murmure de soie. Je sortais de la nuit, hagarde, les cheveux en désordre, et il me fallait conserver les bras à peine décollés du corps, les paumes levées vers le ciel, dans un geste à la fois d'impuissance face au destin et d'innocence devant le crime. Et alors commençait cette scène avec sa pluie de notes qui passent de l'ombre au scintillement : je devais faire entendre la douceur d'une âme suspendue, abstraite de son corps, l'envol vers un ciel qui se dérobe, mon corps devait donner l'impression de décoller en même temps que ma voix quittait le « réel » pour une sorte de transfiguration, jusqu'à ce combat avec la flûte, plus haut, toujours plus haut… Le maestro Karajan savait parfaitement doser cette montée, ménager ces arrêts qui sont comme des cris muets. À la fin, il faut s'adresser à ceux qui me regardent avec un air si dur, *Non mi guardar si fiero,* tout en faisant comprendre qu'ils ne sont plus que des fantômes, que je suis loin, plus loin, plus haut.

J'ai été très passionnée par ce travail, même si le maestro n'était pas prolixe, pas très disposé à une conversation après qu'il avait donné ses indications de gestes. À aucun moment je n'ai pu échanger avec lui sur le fond de sa conception : ce qu'il souhaitait, c'était mettre en images la musique. Et singulièrement dans cette scène de folie. Pourtant, je me suis toujours sentie à l'aise avec lui. J'ai d'ailleurs chanté encore cette Lucia sous sa direction à Berlin l'année suivante, toujours avec Pippo. Mais j'ai mis un terme à mes *Lucia* assez tôt, en 1959 à Dallas, quelques mois après mon second enregistrement : ça fait dix-huit ans ! Je ne crois pas que je reviendrai à *Lucia* ; trop difficile, trop aiguë, trop demandeuse d'un souffle dont je ne suis plus sûre de le maîtriser aussi bien qu'alors. Mais je regrette ces scènes de folie dans lesquelles je me lançais comme on se jette dans un brasier : quelle émotion, si physique ! Et puis cet amour si fort, si déchirant qu'il va jusqu'au crime ! Jusqu'où pourrais-je aller par amour ? Pourrais-je tuer par amour ? Je n'ai fait que mourir sur scène, piétinée par tous ces hommes qui disaient m'aimer et qui me dévastaient, toutes mes Norma, Tosca, Traviata, Médée, Lucia, toutes mes folles d'amour ou folles tout court, toutes celles qui m'arrachaient la peau du cœur, qui me faisaient bouillir le sang. Mais moi, la femme au bout de tout, la femme qui est prête à mourir, prête à trahir, à égorger ses enfants, à tuer son mari pendant sa nuit de noces, aurais-je pu être une de ces femmes ? Vivrai-je un jour autre chose que ces émotions de théâtre ? J'ai tant envie d'amour, tant envie de me laisser emporter, tant envie de sortir de ce tombeau que je me suis construit ici, derrière mes ombres, à l'abri de ces tremblements qui donnent du goût à la vie. Il faut que je me secoue, que je dise à Bruna d'ouvrir les rideaux, que je sorte de nouveau, que je voie des gens, des amis, des hommes beaux et intelligents, il faut que je vive : je suis jeune encore, je n'ai que 53 ans, ce n'est pas l'âge de s'enterrer vivante !

Demain, je réorganise ma vie. Pour le moment, un bon thé, que je vais prendre froid aujourd'hui – car il fait encore très chaud ici en cette mi-septembre, presque un temps grec –, quelques gâteaux « alla Bruna », et puis je sortirai les chiens, mes chers petits qui, eux, ne me trahiront jamais. En rentrant, je réécouterai ma *Lucia*, celle de 1955 à Berlin, avec le maestro Karajan, ma meilleure peut-être…

15 septembre 1977

J'AI pris la bonne décision, hier : réorganiser ma vie. Je vais d'abord me décider à propos de ce *Werther*, comme Michel Glotz m'y poussait ; j'ai sans doute eu tort de me brouiller avec lui, il faut que je le revoie. J'ai aussi appelé Janine tout à l'heure, ma chère Janine Reiss qui m'a si bien fait travailler mes deux disques d'opéra français. Elle a paru très heureuse de ma décision de me lancer vraiment dans *Werther* ; elle part demain pour New York, mais nous travaillerons dès son retour, chez elle pour ne pas être dérangées. Car quand j'ai essayé de travailler dans le Théâtre des Champs-Élysées vide, cela s'est su, je ne sais comment, mais j'ai été assaillie par des journalistes – j'ai dû fuir ! C'est terrible d'être ainsi toujours importunée !...

Mais j'ai promis à Vasso de la rejoindre en Grèce où elle donne un concert ; je suis même allée ce matin m'acheter un maillot de bain bleu nuit, nous pourrons nous baigner et je lui parlerai de cette réorganisation de ma vie, de ce *Werther* qui va me permettre de revenir très vite au sommet. Je l'aime bien, Vasso Devetzi, d'abord parce qu'elle est Grecque, ensuite parce que c'est une excellente pianiste. Elle m'a accompagnée quand je me suis rendue en URSS, à Moscou, pour le concours Tchaïkovski auquel on m'avait demandé d'être jurée. J'étais inquiète en partant : c'était la première fois que je me rendais dans un pays communiste ! J'avais peur qu'on m'égorge avec une boîte de conserve, comme on le disait chez mes amis grecs qui le tenaient de gens bien informés. Finalement, quand je suis arrivée à Moscou, j'ai été très surprise, car il m'a semblé que les gens vivaient comme des tsars ! Et je me suis rendu compte que j'étais très connue là-bas : on baisait le bas de ma robe !... On me hélait, on m'applaudissait partout où j'entrais ! Quand je suis allée à Leningrad, au Kirov, pour voir un ballet, on m'a assise au premier rang et, avant que le spectacle commence, on a éteint toutes les lumières dans la salle, puis on a dirigé un projecteur sur moi et quelqu'un a annoncé : « En hommage à la Divina. » Je me suis levée, on a rallumé, j'ai salué et tout le public s'est mis debout, des milliers de personnes m'applaudissaient qui semblaient émues. Je l'étais moi-même beaucoup. Vasso m'a pris la main : « C'est en ton honneur que cette soirée est donnée », m'a-t-elle dit. C'était il y a cinq ans je crois. Ou six. Depuis, je vois souvent Vasso ; elle m'a présenté deux de ses amis russes, le pianiste Sviatoslav Richter et le violoncelliste Mstislav Rostropovitch. Le premier est plutôt sombre, grave et tourmenté ; le second est drôle, gai, plein de vie ; il a « adorrrrré » cet appartement, ce quartier, cette avenue Georges-Mandel, et m'a dit qu'il allait chercher à se loger tout près ; ainsi il pourra venir me voir « très souvent ». Il m'a aussi révélé que sa chère femme, Galina Vichnevskaïa, grande soprano russe, avait été surnommée « la Callas russe » !

Vasso est une vraie amie, une sœur presque, moi qui n'ai pas eu de vraie sœur : bien sûr, au début de ma vie, il y avait Jackie, je l'aimais bien, mais elle a pris le parti de ma mère... Surtout, elle s'est mis dans la tête de chanter : quand je suis allée à Épidaure avec Ari pour ma *Médée,* des gens nous ont dit que Jackie était venue là pour y faire des essais ! La pauvre ! Les ânes braient et pensent qu'ils ont une voix. C'est sa folle de mère, la mienne, hélas ! qui a dû la persuader qu'elle avait une voix, que c'était dans le sang de la famille, sans se rendre compte de l'âge qu'elle avait. Car le chant, c'est pour les jeunes, il faut des années d'études, pas se contenter de braire comme un âne !

Vasso est une femme de confiance : c'est avec elle que je travaille, ces derniers mois, quelques-uns des airs que je vais rechanter dès que j'aurai regagné tout mon tonus. Déjà nous travaillons depuis plusieurs semaines, à intervalles irréguliers bien sûr, le *Requiem* de Verdi. Je peux me reposer sur elle, sur son jugement. À propos de repos, c'est d'ailleurs elle qui m'a fait découvrir les comprimés de Mandrax qui m'aident à dormir. Bien sûr, son compagnon, Jean Roire, est, je le crains, communiste, mais il est tellement gentil. J'ai l'impression que la seule chose qui l'intéresse en fait, c'est la musique : il est directeur des éditions musicales Le Chant du monde et il révèle ainsi chaque mois au public français tous ces enregistrements russes passionnants.

Je me demande si c'est par Vasso que j'ai rencontré ce bel homme, aux yeux bleus fascinants, comme ceux d'un chat, qui parle avec une jolie musique dans la voix, Maurice Béjart ; il voulait monter une *Traviata* pour moi. Avec moi. Violetta, seule en scène, aurait rêvé son amour pour Alfredo. Et ce sont les danseurs et les danseuses qui, peu à peu, raconteraient par leurs gestes cette histoire de la femme perdue, pendant que je chanterais les airs. Ou que l'on entendrait un enregistrement de *La Traviata* avec moi. C'est une curieuse idée : j'y ai réfléchi pendant un certain temps, mais je n'en ai finalement pas eu envie. J'ai appris qu'il l'avait fait avec une autre soprano, une

Grecque qui voulait me ressembler, prendre ma place, Vasso Papantoniou. La pauvre !... De toute façon, ce n'était pas une bonne idée. Je crois qu'il faut laisser les chefs-d'œuvre en paix.

Quand je pense à ce que j'ai vu à la télévision, ce *Faust* donné à l'Opéra de Paris dans un décor hideux, une sorte de grand pavillon de ferraille, avec des éclairages glauques, les personnages habillés n'importe comment et faisant n'importe quoi ! Quelle dégringolade ! C'est un certain Jorge Lavelli qui a commis cette horreur dont tout le monde se gausse ! Quand je chantais encore sur toutes les scènes du monde, il n'y avait pas de metteurs en scène : tout se passait entre le chef et les chanteurs ! Quelle étrange maladie est en train de gangrener l'opéra ? Comme si la laideur du monde devait se retrouver sur la scène ! Je suis scandalisée par tout cela – mais mon *Werther*, lui, respectera la tradition ! J'en ai parlé avec mon ami Jacques Bourgeois, qui est un très grand critique musical, pour moi le plus intelligent de tous : eh bien, il essaie de trouver des explications à tout ce fatras ! Il ne dit pas que tout cela est bien, mais il pense nécessaire de ne pas figer l'opéra, il me dit que c'est ce que j'ai fait moi-même avec mes interprétations quand j'ai décidé de faire revivre le bel canto. Peut-être... Pourtant la mise en scène, ce doit être comme la monture d'un beau bijou : ce qui compte, c'est le joyau ! Leontyne Price, la grande Américaine, est venue me voir et nous avons parlé de ces questions : elle est tout à fait d'accord avec moi. Quant aux plus jeunes qui viennent me rendre visite, l'excellente Espagnole Montserrat Caballé ou la petite Hongroise Silvia Sass, elles n'osent pas, je le sens, dire ce qu'elles pensent devant moi. Cette petite Sass a chanté l'année dernière *La Traviata* au Festival d'Aix-en-Provence, mise en scène par ce même Lavelli ; j'ai frémi pour elle, mais on m'a dit que cette fois c'était plutôt beau à voir et que le personnage était vrai. Tant mieux ! On a dit, paraît-il, que Silvia Sass était « la nouvelle Callas » : elle m'a écrit une lettre embarrassée, m'affirmant qu'elle n'y était pour rien, qu'elle avait pour moi une admiration immense et qu'elle ne sentait pas digne de tout ce qu'on écrivait sur elle. Elle n'est pas méchante et je crois bien volontiers que tout cela n'est que tricotage de journaliste. Il faudra que je la réinvite à venir prendre le thé.

J'ai eu un peu plus mal aux reins que d'habitude, cette nuit. Je sais qu'il faudrait que je revoie le médecin pour le dosage de mes médicaments. Peut-être me suis-je trop habituée à la coramine ; j'ai l'impression que je ne saurais plus m'en passer, alors que, c'est vrai, il m'a dit de ne pas en abuser. Mais j'ai besoin de me sentir bien, détachée des horreurs de ce monde. Je ne parviens plus à regarder les informations à la télévision ; tout n'y est toujours que catastrophe en tous genres ; je préfère regarder des films, l'après-midi il y en a de bien distrayants. Il est étrange de voir tout le monde se complaire dans ce moulin à malheurs. Moi je n'ai jamais peur d'être seule avec mes souvenirs, les films, mes chiens. En fait, je crois que ce que je préfère, c'est me sentir flotter dans une sorte de rêverie dans laquelle je les fais tous revenir, Ari, Luchino, Pier Paolo, mon père aussi... Quand je me laisse ainsi aller dans le fauteuil de cuir rouge, je remonte le temps, je choisis les moments, j'ai la sensation exacte de retrouver ce que le maestro Serafin me demandait, il y a juste trente ans, en 1947, à Venise, quand il me faisait travailler le rôle d'Isolde du *Tristan* de Wagner. À vrai dire, c'était même « Isotta », car nous le chantions bien sûr en italien, *Tristano e Isotta*. J'ai tellement aimé chanter cette fin, cette mort d'Isolde, cette élévation du corps et de l'âme dans la voix, un vertige... Il faut que je retrouve cet enregistrement parmi tous mes disques ; j'étais jeune, 23 ans, j'étais encore un peu trop grosse, mais je savais déjà qu'avec ma voix, je pouvais procurer des sensations extraordinaires. Je revois ces visages tournés vers moi, comme si je les avais éclairés, celui de ce jeune homme en particulier à Paris, oui je me le suis déjà rappelé hier : c'était à la fin de ce concert au Théâtre des Champs-Élysées, il pouvait avoir 25 ans, de beaux cheveux blonds, abondants, et ce regard liquide qui m'aspirait, cette larme que je voyais couler sur sa joue gauche, sa bouche ouverte comme pour un cri muet ; il m'a émue. Je ne saurai jamais qui il était, je ne le rencontrerai sans doute jamais, mais ce moment entre lui et moi a été si intime l'espace d'un instant que j'aurais pu nommer cela de l'amour.

Je reviens toujours à l'amour, parce que tout est là. Il n'y a que cela, l'amour, que j'ai tant espéré, tant rêvé, et la mort, que j'ai tant chantée. Ce matin, j'ai sorti les chiens sur la contre-allée et, en marchant vers la place du Trocadéro, je regardais les arbres, les beaux arbres qui bordent cette avenue Georges-Mandel, et je me disais que dans quelques semaines, le souple murmure du vent qui en caressait les feuilles aura disparu, ils ne seront plus que des squelettes. Que serai-je moi-même dans quelques années, quand la mort à son tour sera venue me prendre ? Quelle place garderai-je dans la mémoire et dans le cœur de tous ces gens qui m'aiment, qui aiment ma voix, qui aiment « la Callas » – ce jeune homme du Théâtre des Champs-Élysées, par exemple ? J'ai souvent pensé à la mort à cause de toutes mes Norma, mes Traviata, Tosca, Lucia, Médée, toutes mes *et cætera* : j'en ai parlé avec les chefs, avec les metteurs en scène quand ils s'appelaient Luchino ou Franco ou Pier Paolo, rarement avec mes partenaires. Mais ma mort à moi, je n'en ai pas idée, je ne sais pas comment elle sera : rapide ? violente ? douloureuse ? calme ? Je n'en ai pas peur et j'ai encore le temps d'y songer, je n'ai que 53 ans et je n'ai pas envie de *morir si giovine* comme je le chante à la fin de *La Traviata*...

Pourtant je suis, chaque fois que j'y pense, devant un grand mur sans aucun signe écrit dessus. Je me demande parfois si je crois en Dieu, comme je l'affirme, bien sûr, quand on me le demande. Mais à la fin de toutes les fins, que reste-t-il ? L'autre jour, j'ai fait un rêve très étrange – je rêve beaucoup ces derniers temps ; je regardais par la fenêtre et j'ai vu un homme enjamber le rebord de la fenêtre et se tenir agrippé au bord, de dos, y rester un certain temps, puis regrimper et disparaître dans l'appartement. Puis j'ai rêvé d'autres choses dont je ne me souviens plus très bien, des images de désert jaune foncé, presque rouge, comme celui où nous avons tourné plusieurs scènes de *Médée,* avec quelque chose de douloureux à regarder, une vieille femme, courbée sur son corps, cassée en deux, et toute recouverte d'une robe noire ; elle avançait lentement, avec à la main une sorte de calebasse en cuivre, je la suivais de loin, et soudain c'était la nuit, il faisait bleu sombre et j'avais l'impression d'étouffer. Alors je retrouvais l'immeuble d'où surgissait encore une fois l'homme que je voyais de dos, de nouveau agrippé au rebord extérieur ; il était un peu fort, avec un polo bleu foncé, il se retenait et, comme la première fois, il essayait de remonter. Mais tout à coup, il a lâché prise et il est tombé en arrière, très vite, et j'ai entendu le bruit sourd et sec de son corps s'écrasant en contrebas. Je ne sais pas si ce rêve a un sens : je ne crois guère à toutes ces théories de la psychanalyse dont plusieurs de mes amis sont friands. Il y a peut-être pourtant de la divination dans nos rêves – mais comment savoir ? C'est exactement comme ma mort : je ne sais rien d'elle, je l'attends et je ne l'attends pas. Je ne sais pas si ses sandales feront du bruit au moment où elle entrera chez moi, si elle me prendra dans ses bras ou si elle me parlera doucement. Je ne sais rien. Comme tout le monde. Mais je n'en ai pas peur. Et j'ai encore tant à vivre, surtout depuis que j'ai pris cette décision, hier, de me secouer et de réorganiser ma vie. Bruna était très surprise, ce matin, quand je lui ai dit d'ouvrir les rideaux ! Il faut aussi que je téléphone à Alexandre pour ma coiffure. Je vais me relever et ils seront tous là de nouveau à m'applaudir…

Je repense à la foi : croire en Dieu me paraît parfois si difficile quand je vois tous ces malheurs du monde. Pourtant je crois à ses signes, il m'en fait parfois, je le sens, je le sais. Et d'ailleurs, j'ai moi aussi des rendez-vous réguliers avec lui : en particulier ma *Sainte Famille,* ce petit tableau de Cignaroli que Titta m'a offert en 1947, il y a juste trente ans, la veille de ma *Gioconda* à Vérone, le début de tout. C'est mon porte-bonheur et je ne chante jamais s'il n'est pas présent dans ma loge. Un jour, en arrivant à Vienne où je devais chanter, je me suis aperçue que je l'avais oublié à Milan ! J'ai envoyé mon avion privé le récupérer à temps pour la première. Je n'aurais pas pu, sinon… Alors, bien sûr, ce signe fidèle, je me dis bien qu'il est attaché à Dieu. Je prie souvent, mais mon problème est que je ne parviens pas à me *représenter* Dieu : je sens qu'il existe et me regarde et me protège – mais je ne sais pas comment il est, à quoi ou à qui il ressemble, comment le reconnaître. Plus je prie et plus j'ai le sentiment de me rapprocher de lui : parfois j'enchaîne les prières les unes derrière les autres, en les répétant, les ressassant, sans m'interrompre, comme une sorte de mélodie interminable. Dans ces cas-là, je retrouve cet état de flottement, celui de la mort d'Isolde…

C'est comme quand on fait une collection : elle est infinie, forcément, et c'est justement cette infinitude qui la rend fascinante. Par exemple, j'ai une collection de camées, j'en ai cinquante-neuf, mais je sais qu'elle va croître encore : j'en aurai soixante, quatre-vingts, cent… Que se passera-t-il alors ? Y a-t-il un moment où quelque chose bute, s'arrête ? Chaque fois que je m'interroge ainsi, je sens un vertige qui me prend. J'ai aussi une collection de gants, à cause de Luchino qui m'en a fait porter de longs, des gants qui remontent plus hauts que le coude : il les avait demandés à Lila de Nobili pour *La Traviata* et ça m'a tellement plu que j'en ai ensuite porté partout, j'en ai acheté, je m'en suis fait faire. Peut-être avais-je ainsi le sentiment de me rapprocher de Luchino… J'ai encore une autre collection, des postiches : Alexandre m'en a confectionné de très beaux, des nattes, des tresses, des mèches, toutes sortes de cheveux qui changent le visage, qui me font entrer dans une autre peau. C'est nécessaire au théâtre, mais j'en porte aussi très souvent pour sortir. On se trouve toujours des raisons pour faire une collection, mais je crois que ce n'est pas l'objet choisi qui compte (j'ai même connu quelqu'un qui collectionnait des ouvre-boîtes !), plutôt l'idée de la collection, c'est-à-dire cette idée de l'infini dont me parlait Pier Paolo. Il me disait qu'il aimait cela chez les prostituées, cette idée de ne jamais en avoir fini, ce corps interminable et éparpillé qui était le leur puisqu'elles le partageaient avec tous, à l'infini. Il aimait les prostituées, il leur parlait souvent, me racontait-il, même si, bien sûr, il n'utilisait jamais leurs « services ». Je me demande d'ailleurs s'il existe des prostitués pour les garçons ? Toujours est-il que ces « collections » un peu particulières lui plaisaient parce que, disait-il, elles avaient quelque chose de « sacré ». J'ai toujours aimé l'écouter parler, j'ai eu beaucoup de plaisir à lire ses poèmes – mais je n'ai pas toujours compris ce qu'il voulait dire. Ni qui il était vraiment. Même sa mort, cet assassinat sur une plage, dans la nuit, tout cela ajoute des questions : était-il arrivé au bout de cette « collection » ?... Quand je vais refaire du cinéma, je penserai beaucoup à lui, je penserai à toi, mon petit frère Pier Paolo qui m'as ouvert ce chemin-là. J'imagine une belle histoire, celle d'une femme qui possède tout, l'argent, les robes, la maison, mais qui se sent si seule qu'elle part un jour sans savoir vers où. Elle conduit sa voiture elle-même et se laisse guider par le hasard ; elle passe de pays en pays, croise des visages qui ne lui disent rien et, un soir, elle rencontre un jeune homme blond qui lui prend la main sans un mot et elle sait qu'avec lui elle va se sauver...

Mais il faut que je mette de l'ordre dans tout ce que je veux faire : *Werther*, à voir avec mon beau maestro Georges Prêtre et avec l'Opéra de Paris ; un nouveau disque, je ne sais pas très bien encore avec quel programme ; peut-être aussi monter le *Requiem* de Verdi, mais avec qui ? Et puis le cinéma, oui, j'en ai envie. Et appeler mes amis, ceux que je n'ai pas vus depuis longtemps. Je me sens comme la Juliette de Gounod : je veux vivre. Mais je ne sais pas par quoi commencer. D'abord, je vais demander à Bruna de ranger toutes ces photos qui ramènent le passé devant mes yeux. Peut-être aussi faudrait-il que j'écoute quelques-uns des disques de ces jeunes que l'on m'envoie pour que je donne mon avis, au lieu de réécouter interminablement mes enregistrements. Pourtant ça fait du bien de réentendre ce qui a fait de moi ce que je suis aujourd'hui, la Callas. Tout à l'heure, il faut que je réécoute la mort d'Isolde, enfin d'Isotta, il y a trente ans – c'était hier ! Que serai-je dans trente ans ? Une vieille femme habillée de noir qui marche lentement dans les rues, dans ce désert qu'est Paris comme on le chante dans *La Traviata* ? Aurai-je encore des amis ? Des admirateurs ? Je suis toujours surprise, presque effrayée quand un de ces jeunes gens, comme celui du Théâtre des Champs-Élysées, se jette sur mon passage pour m'offrir d'énormes bouquets de roses en balbutiant qu'il m'admire, qu'il m'aime, avant de partir en courant comme s'il s'enfuyait, comme s'il craignait que je le rattrape !... Que serai-je dans trente ans ? Écoutera-t-on encore mes disques, tout ce qui reste de moi ? C'est étrange comme, alors que je veux relancer ma vie, la nostalgie revient et me recouvre encore une fois. Comme dans cette mélodie de mon cher Bellini, *Malinconia,* que j'aime fredonner chez moi, ou jouer en m'accompagnant au piano. C'est ce que j'aurais dû proposer à Marlene Dietrich, il y a vingt ans, quand elle voulait que je lui chante quelque chose : ça, j'aurais pu. Mais j'étais si paniquée ! En fait, je crois que j'ai passé ma vie à me débattre dans des désirs contradictoires, désirs de ces hommes vis-à-vis de moi et de moi vis-à-vis de certains d'entre eux, désir d'une place stable dans cette société qui me commandait, mais aussi grand désir de liberté, désir d'un enfant en même temps que j'ai toujours su ne pas pouvoir être une mère, désir d'être regardée et peur d'être regardée, désir d'être aimée sans être sûre de savoir aimer. J'ai toujours été déchirée, éparpillée, désespérée, *povera disperata...*

Non, il faut que je cesse de me lamenter sur moi-même ! J'ai décidé de réorganiser ma vie, je m'y tiens, je vais aller me promener, peut-être jusqu'au bois de Boulogne, il fait si beau cet après-midi. Bruna, un grand thé froid, quelques gâteaux, pas de coramine aujourd'hui, ça m'alanguit. Avant de partir, je vais quand même écouter un petit peu de musique, simplement ma mort d'Isolde de 1947, ça me redonnera le tonus de mes 23 ans. Ensuite je sors !

16 septembre 1977

PARIS, 16 septembre 1977 (AFP) – *La cantatrice Maria Callas est morte ce matin à son domicile parisien, avenue Georges-Mandel. Elle avait 53 ans.*

CET OUVRAGE A ÉTÉ COMPOSÉ
EN PALATINO CORPS 11
PAR NORD COMPO
À VILLENEUVE-D'ASCQ.

ACHEVÉ D'IMPRIMER
PAR L'IMPRIMERIE CPI FIRMIN DIDOT
À MESNIL-SUR-L'ESTRÉE, EN JANVIER 2017,
POUR LE COMPTE DU PASSEUR ÉDITEUR.

Dépôt légal : février 2017.
N° d'imprimeur : 139050
Imprimé en France.